交通まちづくり

地方都市からの挑戦

原田 昇……編著
羽藤英二＋髙見淳史……編集幹事

鹿島出版会

まえがき

　この本は、暮らしやすいまちの実現に貢献したいと考える交通関係の研究者が、地方都市で積み重ねた経験を基に、交通と一体的に進めるまちづくりによって地方都市の再生に貢献できることを、まちづくりに取り組む皆さんに伝えるために取りまとめたものです。行政の皆さん、市民の皆さん、企業の皆さん、特に、これからを担う学生諸君に読んでほしいと思っています。

　暮らしやすいまちをつくりたい、活力のあるまちをつくりたい、その中で、生き生きとした暮らしをしたい、ということは、万民に共通した望みです。交通計画に取り組む関係者もそう思って努力してきました。しかし、現実には、シャッター商店街、買い物難民、寝たきりになってしまう高齢者の多い地方都市の実態が報告されています。

　我々は、この事態を打ち破るために、交通問題解決へのアプローチの刷新に取り組みました。「交通まちづくり」は、目先の交通問題の対応に追われることなく、暮らしやすいまちの実現に向けて何ができるのかを考えて交通問題を解決していく新しいアプローチ、「交通と一体になって進めるまちづくり」を示す言葉です。

　本書は4部構成です。第Ⅰ部は序論として、交通まちづくりとは何かをその時代背景とともに説明しています。第Ⅱ部は、交通まちづくりの理論－実践を知る4つの視座－として、交通まちづくりのためのビジョンの構築と合意形成、調査手法、制度、担い手とその育成を論じています。第Ⅲ部は、交通まちづくりの実践として、宇都宮市、金沢市、熊本市、札幌市、広島市、京都市、恵那市、由布市、平泉町を取り上げて、事例ごとの実践のポイントを解説し、多様な交通まちづくりのポイントを補強するため、コラムを取り入れています。第Ⅳ部は、交通まちづくりの未来として、今後の展開の方向を提示しています。

　本書は、公益社団法人土木学会土木計画学研究委員会に設置した交通ま

ちづくり小委員会の7年間の活動の成果です。全体研究会、部会研究会、地方ワークショップ、シンポジウム・セミナー、土木計画学研究発表会セッションなど、小委員会委員をはじめとして研究対象とした地方都市のまちづくり関係者を含む多くの方々に支えていただきました。特に、ビジョン構築部会長の髙山純一委員、調査体系部会長の溝上章志委員、制度設計部会長の谷口守委員には部会のとりまとめをいただきました。小委員会の企画・運営と本書の出版に関しては、幹事の羽藤英二委員と髙見淳史委員にご尽力いただきました。本書の出版に際しては、鹿島出版会の橋口聖一氏に大変お世話になりました。また、門川大作・京都市長、佐藤栄一・宇都宮市長、山野之義・金沢市長には、本書への力強い推薦文をお寄せいただきました。ここに記して感謝の意を表します。

　パークアンドライド等の交通需要マネジメントの社会実験が普及はしたが、本格実施になかなか結び付かず、まちの人々からも大きな支持が得られない状況に直面し、交通まちづくりという新しいアプローチの必要性を強く感じてから十数年が経過しました。この間、社団法人交通工学研究会の自主研究を主宰し、2006年には、入門書として『交通まちづくり —世界の都市と日本の都市に学ぶ』を出版することができました。今回、時間はかかりましたが、交通まちづくり小委員会の7年間の活動成果を、本書にまとめることができました。最後に、暮らしやすいまちの実現に貢献したいと考える交通関係の研究者を代表して、大変うれしく思うとともに、本書が、より多くの地方都市で、より多くの関係者を巻き込んで、暮らしやすいまちに向けた取り組みが進んでいくことに貢献することを期待します。

2015年5月

著者代表／交通まちづくり小委員会委員長
原田　昇

目　次

まえがき ……………………………………………………………………………… *i*

第Ⅰ部　序論　—交通と一体的に進めるまちづくり—

時代が求めた発想の転換とは ………………………………………………… *2*
交通の基本的役割：「人間らしい生活」を支える交通サービスの提供 …… *2*
「交通まちづくり」とは ………………………………………………………… *3*
「交通まちづくり」のビジョン ………………………………………………… *4*
暮らしやすい都市構造　土地利用×交通 …………………………………… *5*
活力ある超高齢社会　暮らし×交通 ………………………………………… *6*
「交通まちづくり」のツール …………………………………………………… *7*
「交通まちづくり」の仕組み …………………………………………………… *7*
交通まちづくり研究の取り組み ……………………………………………… *8*
Column-1　コンパクトシティと新交通　*9*
Column-2　モビリティとアベイラビリティの両立した「やさしく生活できる街」　*11*

第Ⅱ部　交通まちづくりの理論　—実践を知る4つの視座—

1. ビジョンの構築と合意形成 ………………………………………………… *14*
　　将来ビジョンの必要性 …………………………………………………… *14*
　　ビジョン構築の方法とまちづくり ……………………………………… *14*
　　主要都市における交通まちづくりとビジョン構築手法の特徴 ……… *18*
2. 交通まちづくりのための調査手法 ………………………………………… *26*
　　交通まちづくりのための交通調査 ……………………………………… *26*
　　パーソントリップ調査の課題と新たなデータ収集の工夫 …………… *27*
　　　(1)　コミュニケーションツールと一体となったデータ収集 …… *27*
　　　(2)　属性別・地区別に均一なデータを取得するアンケート方法 … *28*
　　プローブパーソン調査の交通まちづくりへの適用 …………………… *31*
　　　(1)　プローブパーソンデータの特徴 ………………………………… *31*
　　　(2)　プローブパーソン調査の適用例 ………………………………… *32*

　　　　交通まちづくりにおける調査のこれから ……………………………………… *34*
　　Column-3　金沢都市圏における事業所協力型のパーソントリップ実態調査手法　*36*
　3. 交通まちづくりのための制度 ……………………………………………………… *38*
　　　幅広い都市計画制度 ……………………………………………………………… *38*
　　　交通計画とまちづくり制度の融合へ …………………………………………… *38*
　　　　(1)　社会状況の変化と求められる集約化 ………………………………… *38*
　　　　(2)　変わってきた国の制度と自治体のビジョン ………………………… *39*
　　　　(3)　コンパクトな都市のビジョンを実現する制度 ……………………… *40*
　　　制度を支える仕組みや工夫 ……………………………………………………… *42*
　　　　(1)　客観的判断を可能にする指標 ………………………………………… *42*
　　　　(2)　制度を支える財源 ……………………………………………………… *43*
　　　　(3)　制度の枠組みの広がり ………………………………………………… *44*
　　　今後の展開に向けて ……………………………………………………………… *44*
　　　　(1)　広域的視点を取り入れる仕組みをつくる …………………………… *44*
　　　　(2)　住民の認知を高める …………………………………………………… *45*
　　Column-4　栃木県における大規模開発と交通アセスメント　*47*
　4. 交通まちづくりの担い手とその育成 ……………………………………………… *49*
　　　交通まちづくりを推進する人材 ………………………………………………… *49*
　　　交通まちづくりを推進する人材に必要なこと ………………………………… *50*
　　　人材育成の現場 …………………………………………………………………… *51*
　　　NPO法人・再生塾の活動 ………………………………………………………… *51*
　　　　(1)　再生塾とは ……………………………………………………………… *51*
　　　　(2)　互学互習のアドバンスドコース ……………………………………… *52*
　　　人材育成の今後 …………………………………………………………………… *54*

第Ⅲ部　交通まちづくりの実践

1. 金沢市：条例制定によるまちづくりの継承 ……………………………………… *58*
　　　金沢市の概要と都市戦略 ………………………………………………………… *58*
　　　　(1)　成り立ちと特徴 ………………………………………………………… *58*
　　　　(2)　都市戦略の変遷 ………………………………………………………… *58*
　　　独自条例を柱とするまちづくり戦略の展開 …………………………………… *60*
　　　　(1)　独自条例の導入状況 …………………………………………………… *60*
　　　　(2)　トップダウンとボトムアップ ………………………………………… *61*
　　　交通まちづくりビジョン ………………………………………………………… *62*
　　　新金沢交通戦略 …………………………………………………………………… *62*

(1)　4つのゾーンとゾーン間の連携 ………………………………………… 62
　　　(2)　公共交通利用促進条例の制定 …………………………………………… 64
　　　(3)　第4回パーソントリップ調査と交通戦略 …………………………… 65
　　金沢市における特色ある交通まちづくり ……………………………………… 65
　　　(1)　歩けるまちづくりの推進 ………………………………………………… 65
　　　(2)　バストリガー方式の導入 ………………………………………………… 66
　　　(3)　まちなか駐車場の適正配置の推進 ……………………………………… 67
　　これからの交通まちづくりの推進 ……………………………………………… 67
　Column-5　自転車と交通まちづくり　　69
2. 宇都宮市：ネットワーク型コンパクトシティ ……………………………………… 71
　　ネットワーク型コンパクトシティを目指す宇都宮 ………………………………… 71
　　宇都宮におけるLRT導入計画 …………………………………………………… 72
　　自転車ネットワークの構築 ………………………………………………………… 74
　　市民と協働のまちづくり …………………………………………………………… 75
　　将来の宇都宮の都市財政の推計 …………………………………………………… 76
　　持続的な発展に向けて ……………………………………………………………… 77
3. 熊本市：公共交通の再デザイン ……………………………………………………… 79
　　熊本都市圏における公共交通の利用実態 ………………………………………… 79
　　バス交通のあり方検討協議会から公共交通協議会へ …………………………… 79
　　公共交通協議会の設立と3つの三位一体の議論 ………………………………… 80
　　各部会での検討事項 ………………………………………………………………… 81
　　　(1)　公共交通基本条例部会 …………………………………………………… 81
　　　(2)　コミュニティ交通部会 …………………………………………………… 82
　　　(3)　バス路線網再編部会 ……………………………………………………… 82
　　公共交通の再デザインに関する今後の検討事項 ………………………………… 85
4. 札幌市：都心交通計画のコンフリクトとその解決 ……………………………… 88
　　はじめに ……………………………………………………………………………… 88
　　経緯 …………………………………………………………………………………… 88
　　都心交通ビジョンと都心交通計画の相違 ………………………………………… 91
　　　(1)　理念 ………………………………………………………………………… 92
　　　(2)　骨格軸の空間再配分 ……………………………………………………… 93
　　都心交通ビジョンから都心交通計画への合意形成 ……………………………… 94
　　　(1)　都心交通ビジョン懇談会における議論 ………………………………… 94
　　まとめ ………………………………………………………………………………… 97
　Column-6　「札幌市都心交通対策実行委員会」の果たした役割　　99
　Column-7　ポロクルとまちづくり　　100

5. 広島市：科学的な総合交通体系調査を導入した交通まちづくり …………… *102*
科学的分析に基づく交通まちづくりの策定と見直し …………………………… *102*
　(1)　都市圏総合交通体系の基本的な整備方針の策定 …………………… *102*
　(2)　社会情勢の変化と交通まちづくりの基本構想の見直し ………… *104*
　(3)　交通需要推計の見直し ………………………………………………… *105*
社会情勢の変化に対応した交通まちづくり ……………………………………… *106*
　(1)　第2回広島都市圏総合交通体系調査 ………………………………… *106*
　(2)　総合交通戦略の策定 …………………………………………………… *108*
需要誘導型の交通計画へ …………………………………………………………… *109*
　(1)　成熟社会における地方都市の交通計画 …………………………… *109*
　(2)　安全・安心な集約型都市構造の実現に向けて …………………… *110*

6. 京都市：「歩くまち・京都」の試みと実践 ………………………………………… *112*
交通まちづくりと「歩くまち」 …………………………………………………… *112*
「歩くまち・京都」憲章 …………………………………………………………… *113*
「憲章」制定の背景 ………………………………………………………………… *114*
「歩くまち・京都」総合交通戦略 ………………………………………………… *117*
四条通の歩道拡幅 …………………………………………………………………… *119*
拡大する取り組み …………………………………………………………………… *122*
「歩くまち・京都」と交通まちづくり …………………………………………… *124*

7. 恵那市・明知鉄道：公共交流機関としての
　　　　　　　　ローカル鉄道の価値と地域と連携したデザイン ……………… *126*
ローカル鉄道の魅力と実態 ………………………………………………………… *126*
明知鉄道での取り組み ……………………………………………………………… *126*
地域資源としてのローカル鉄道を活かす ………………………………………… *127*
「公共交流機関」としての機能 …………………………………………………… *132*
明知鉄道の駅と駅前広場のデザイン ……………………………………………… *134*
ローカル鉄道からの風景の価値 …………………………………………………… *137*

8. 由布市：交通実験実施から13年、由布院の
　　　　　　　　観光まちづくりと交通まちづくり ………………………………… *140*
はじめに ……………………………………………………………………………… *140*
　(1)　観光地における交通まちづくり …………………………………… *140*
　(2)　観光まちづくりとは何か …………………………………………… *141*
由布院の発展過程と交通まちづくりの課題 ……………………………………… *141*
　(1)　今日までの由布院の足跡 …………………………………………… *141*
　(2)　由布院の土地利用の変化 …………………………………………… *143*
交通実験の実施 ……………………………………………………………………… *145*

	(1) 交通実験の実施内容	145
	(2) 交通実験実施後の反響	148
居心地よく滞在できるまちへ		150
	(1) 由布院における交通安全について	150
	(2) これからの由布院の交通まちづくり	152

9. 平泉町：世界遺産平泉の交通まちづくり　154

　平泉とは　154
　平泉における観光交通の課題　155
　社会実験のきっかけ　155
　社会実験（第1段階：2009年5月GW期間）　155
　社会実験（第2段階：2009年10月秋の藤原祭り期間）　160
　本格実施　162
　おわりに　164

第Ⅳ部　交通まちづくりの未来

交通まちづくりとは何か？　168
移動の物語を読む　169
交通からまちをリデザインする　171
データを活かす交通まちづくり　173
アーバンデザインセンターで交通まちづくりを　174

Column-8　過去から学ぶ都市計画の「手順・総合・協調」の重要性　177

あとがき　　おわりに／より広い知の結集を願って　179

索　　引　183

執筆者一覧　187

第Ⅰ部
序論
―交通と一体的に進めるまちづくり―

時代が求めた発想の転換とは

　経済成長を支えるために、将来交通量を予測し、それを円滑かつ安全に処理するに足る交通網を計画し、整備していく。この「予測して供給する」交通計画の限界は、1990年代から指摘されてきた。中国の諸都市でも最近問題となっている大気汚染が欧米で問題となっていたそのころ、将来予測をして供給するだけで問題が解決しないことが明らかとなり、予測の前提としている土地利用を含めて精査し、問題を回避する方策を探る、「予測して予防する」交通計画への転換が行われた。交通需要マネジメントや成長管理という考え方は、この流れの中で発想された。その後、地球温暖化問題の解決に貢献するためにも、そして、超高齢社会を見据えて暮らしやすいまちをつくるためにも、「予測して予防する」交通計画へのパラダイムシフトは進んでいる。

　我が国の交通計画においても交通需要マネジメントや成長管理という考え方や手法が導入されたが、このパラダイムシフトは単に手法の導入ではなく発想の転換が必要なため、パークアンドライドの実験が100以上行われたがなかなか定着しないというように、停滞感を覚える時期があった。その中で、発想の転換を前面に押し出すために、著者を代表とする「交通まちづくり」研究会を、最初は2003年に交通工学研究会自主研究委員会として、続いて、2007年に土木学会土木計画学研究委員会に設置し、「まちづくりに貢献する交通計画」の実現を目指して活動を続けてきた。

　今、振り返ると、「予測して予防する」交通計画を実施するためには目標が明確でないといけない。それは、大気汚染から始まり地球温暖化へ展開してきたが、そもそもの基本は暮らしやすいまちの実現ではないか。「予測して予防する」交通計画はまちづくりに貢献することを基本に展開すべきではないか、と考えたものといえそうだ。

交通の基本的役割：「人間らしい生活」を支える交通サービスの提供

　「交通まちづくり」を議論するために最初に考えたことは、交通の基本的役割は何かということであった。通勤、通学、買い物、通院など、目的別の移動を1日の生活から切り取って、その束ねた需要と供給のバランスを議論する、いわゆる「トリップ主義」の限界は30年以上前に指摘されていた。1日の活動の中で必要となる移動が生じている、と捉える活動交通分析が重要であるということを改めて考察し、個々のトリップではなく、それによって実現される活動、その総体としての暮らしが重要であると再認識した。

　交通の基本的役割は、「人間らしい生活」[注]を支える交通サービスを供

給することと再定義した。より具体的に、「通勤、通学、買い物、通院により職を確保し、学び、生活に必要な物を入手し、健康を維持し病気を治すという『人間らしい生活』を支える交通サービスを提供する」ことと説明している。

「交通まちづくり」とは

「交通まちづくり」の説明も深化してきた。最初は、「まちづくりに貢献する交通計画」と文字どおりで、図1に示すように、まちづくりのビジョン構築、参加民主主義、戦略的アプローチを特徴とする、計画プロセスを中心に説明していた[1]。

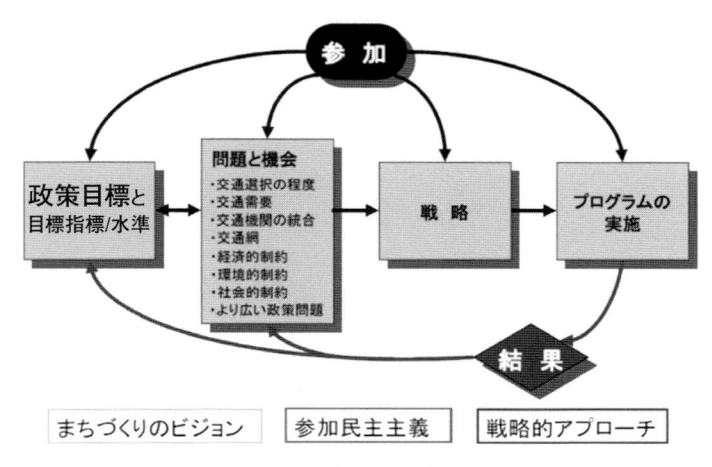

図1 「交通まちづくり」の計画プロセス［著者作成］

その後、これまでの、目の前の交通問題を何とか解決するという近視眼的で、かつ、負の問題を解決する仕事というイメージとの違いを強調するために、「望ましい生活像の実現を通して暮らしやすいまちを構築する価値創造型のまちづくりに貢献する交通計画である」と説明するようになった。

そして、ストラスブールなどのまちが、交通によって大きく変化し、活き活きと輝いていることに意を強くし、2013年6月に開催されたヴァン

注）「人間らしい生活」とは、著書『ローマ人の物語』で有名な塩野七生氏が「人間らしい生活」を支えるために土木技術があると論じていたのを聞いて、これを使おうと決めたものである。

ソン藤井由実氏の土木学会出版文化賞受賞記念セミナーでは、暮らしやすいまちとその実現について、以下のように説明した。少し力が入って、特に、後半は希望的要素も含んだ表現となっている。

　「都市交通計画に携わる者が目指すのは、『暮らしやすいまち』です。若者も、子育て世帯も、働き盛りも、高齢者も、男性も女性も、生きていくために必要な活動はもちろん、それに加えて、それぞれの人生を豊かにする、個人の望む活動を居心地のよい仲間たちと共に展開できるまちをつくること、土地利用と交通と計画制度と、総力戦で、1つのビジョンを立てて、それを実現するために施策の方向性を合わせ、失敗を繰り返しながらも、戦略的に粘り強く進めていくことが必要です。」「将来的には、都市ビジョンが、多様な人々の、一人の人間の一生の人生双六として、場所性を持って語られ、その生活の質の改善に貢献していくことを目指すべきであると思います。その中で、風土と歴史にあった、『自慢できるまち』『住み続けたいまち』ができていくのだと考えています。」

「交通まちづくり」のビジョン

　「交通まちづくり」のビジョンは、まちの特性に応じて、その特徴を活かし、市民の参加を伴うプロセスの中で構築していくことになる。我が国の代表事例は、札幌都心交通戦略の構築と実施である。長年にわたる札幌都心対策実行委員会の活動の延長として提案された都心交通ビジョンを、都心交通ビジョン懇談会や1000人ワークショップなどの活発な市民論議を経て市の正式な都心交通戦略としてまとめて、PDCA（Plan-Do-Check-Act）サイクルの下で施策展開している。我がまちを愛する仲間がいて、我がまちの将来を共に考える仲間の輪を広げることができれば、将来目指すまちのあり方についての1つのビジョンに到達することは可能であると期待させる事例である。

　例えば、都心の活性化は、多くの都市で望まれることであるが、ビジョンなき取り組みには理解が得られにくいことがわかっている。都心へ向かう道路の混雑緩和のためにパークアンドライドを導入すると説明しても、関心を抱くのは車利用者だけで、多くの賛同を得られないまま推移することが多くある。都心の活性化のためには、たくさんの人が都心に来て長時間滞在することが肝要である。そのためには、都心の魅力を改善すると同時に、すべての人が都心にアクセスできるように交通サービスを整備する必要がある。都心に来る車の数は増やさないで都心に来る人の数を増やすためには、例えば、都心に至る公共交通とパークアンドライドを組み合わせた整備が必要となる。車のアクセシビリティは犠牲にしても人のアクセ

シビリティを確保するという考え方、都心という最重要活動拠点にはすべての人がアクセスできるように、車だけでなく公共交通や自転車など車を利用できない人のための交通サービスを確保するという考え方が大切である。そして、これらを現実的に供給可能なものとするために、公共交通を軸としたコンパクトシティといった都市構造の実現まで、視野に含める必要がある。

暮らしやすい都市構造　土地利用×交通

　我が国のまちづくりの弱点の1つは、土地利用と交通の連携の弱さにある。過去から現在までのトレンドの上に増大する人口が分散していく土地利用を前提として、将来需要を予測し、それを処理できる道路網を整備していくことが特に地方都市では一般的であり、その結果、車の利用を前提としたまちを作り上げてきた。それは、車を使えない人にとっては暮らしにくいまちであり、買い物難民、通院難民という、交通サービスが不十分なために社会的に排除される人々の増大が超高齢社会を迎えるに当たり無視できない社会的問題を引き起こしている。

　この問題解決に関しては、分散していく土地利用を交通計画の前提として、それに応じた交通サービスを提供するやり方を続ける限り出口はない。望ましい都市構造を描き、その実現のために土地利用と交通の連携を強めた施策を展開することが必要である。多様な住民の暮らしを支える交通サービスを適切に提供するためには、大概のものは揃う都心と、多様な住民を受け入れる場所とを様々な交通手段で結んで、彼らの暮らしを支える必要がある。具体的には、富山市が進める「お団子と串」の都市構造がその例で、公共交通を軸とするコンパクトシティ、都心から延びるLRT（次世代型路面電車システム）や幹線バスの周辺に住む人を増やし、その人たちは都心へ出て、「人間らしい生活」を楽しむことの実現を目指している。具体的な形は都市の規模や形態により異なるが、多くの地方都市で、多様な住民が「人間らしい生活」ができるように将来の望ましい都市構造を描き、その実現を目指す必要性は極めて高い。

　この望ましい都市構造の実現を基軸として、公共交通の上下分離、ICT（情報通信技術）を活用したデマンド対応の交通サービス、社会的費用逓減の仕組みを導入することで、暮らし続けることのできるまちが構築されていくものと期待している（図2）。

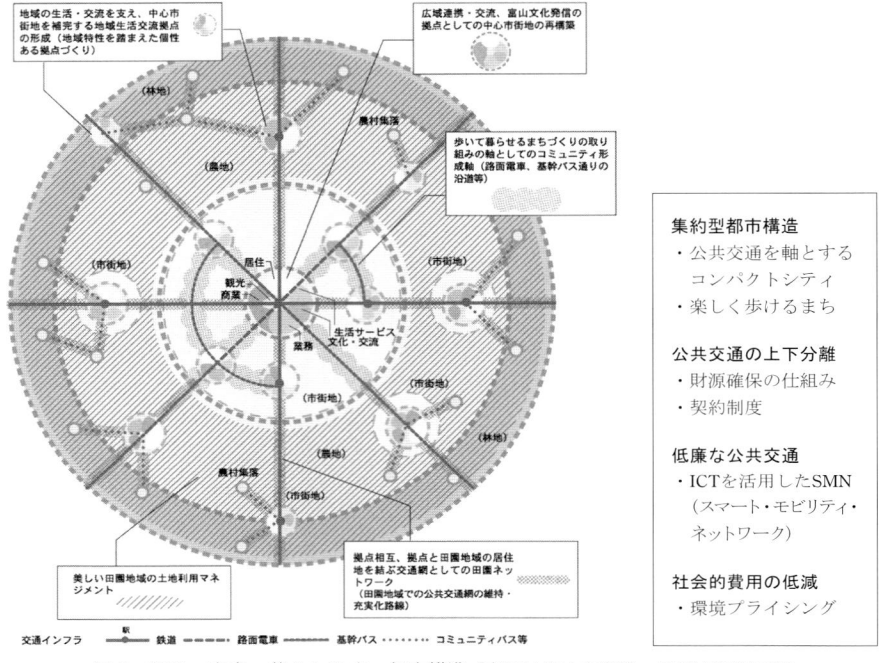

図2　明るい未来─暮らしやすい都市構造　[左図は富山市資料。右側は著者加筆]

活力ある超高齢社会　暮らし×交通

　高齢社会先進国の我が国において、人生の最後を施設や病院で迎えることなく、高齢者が社会の中で活き活きと暮らし続ける社会を創成することは、我が国の抱える最重要課題の1つである。寝たきりゼロが究極の目標であるが、「医・食／職・住（い・しょく・じゅう）」の居住環境整備に交通計画がいかに貢献できるのか、換言すれば、高齢者の暮らしを支える交通サービスをいかに提供できるのかが、交通まちづくりの重要課題の1つである。

　東京大学高齢社会総合研究機構の機構長の大方潤一郎氏は、「医に関しては、まちの中にある医療施設や福祉施設のような日常生活に必要なケアサービスを提供する場所が近くに存在し、簡単にそこにアクセスできることが必要である。食／職に関しては、食料品や日用品を調達する場所も必要であるし、一人暮らしのお年寄りが、気楽に友人・知人と会食できるような飲食店も重要である。収入の面でも、労働にまつわる生きがいの面でも、働く場所が必要であり、住に関しては、もちろん、住まいの物的な基礎性能にかかわる問題も解決されなければなりません」[2]と指摘している。

活力ある超高齢社会の実現は、人類が直面したことのない新しい課題であり、すべての学問分野の総力を結集し、臨むものである。交通計画でいう施設へのアクセシビリティが、高齢者の暮らしを支える形で提供されているかが、問われている。車を使えない人も含めたアクセシビリティ、車のアクセシビリティではなく、人のアクセシビリティの確保が求められている。

　その解決に向けて、自宅の場所と外出可能時間、施設の立地とサービス時間、そして、利用可能な交通サービスの組み合わせにより物的環境の整備は可能であるが、その上で、「きょういく（今日行くところがある）」と「きょうよう（今日する用事がある）」を持ち続けられる仕組みと組み合わせていくことが重要である。

「交通まちづくり」のツール

　交通まちづくりを実現するためのツールの中には、従来から使われているものが多数含まれるが、肝心なことは、その使い方である。

　渋滞緩和のためのインフラ整備は交通計画のツールの典型であるが、交通まちづくりにおけるインフラ整備には、例えば、都心の活性化につながるというように、まちづくりの目標と明確に結びついた形で提案され、説明され、実現されることが求められる。

　例えば、都心の活性化に貢献する交通まちづくりの場合、都心における駐車場整備において、容量を増やし誰にでも使いやすくすることが正解とは限らない。都心の環境を保ち、多くの人を引き付けるためには、むしろ、都心の駐車場の建設は制限し、都心のフリンジや都心から郊外へ延びるバスと組み合わせたパークアンドライド駐車場を建設して、価格コントロールや交通規制と合わせた地域的な駐車整備とマネジメントを行うことが求められる。

　また、都心における道路空間再配分において、人、自転車、自動車に交通空間をどのように割り当てるのか、あるいは滞留空間をどの程度確保するかは、交通量だけではなく、沿線の土地利用を考慮し、都心のどの空間を楽しく歩けるまちとするのか等々、関係者の合意を形成し、そのまちづくりの目標に沿った優先順位をもって行うことが望まれる。

「交通まちづくり」の仕組み

　「交通まちづくり」を現実に展開するためには、それぞれのまちにふさわしい明確なビジョンのもとで、多様なツールをうまく組み合わせて、粘り強く取り組む必要があるが、既存の枠組みにとらわれることなく、様々

な「仕組み」を整えていくことが望まれる。

　交通まちづくり計画のビジョン構築に関しては、都市計画マスタープランなど計画体系と結び付ける仕組み、合意形成の手続きに関する仕組み、意思決定に資する計画情報を作成し提示する仕組みなどが挙げられる。多様なツールを効果的に実施するためには、土地利用に関わる規制・誘導・事業の仕組み、交通サービスの提供を実現する仕組み、財源確保の仕組みなどを整備していく必要がある。そして、交通まちづくりの活動を根づかせるためには、これらのハードな仕組みに加えて、ソフトな仕組みとして、交通まちづくりの担い手を育成する仕組みを構築し、動かし続けていく必要がある。

交通まちづくり研究の取り組み

　ここまで、交通まちづくりとは何か、交通まちづくりが求められる時代背景、交通まちづくりのビジョンを説明し、土地利用×交通、暮らし×交通の新しい取り組みを説明し、交通まちづくりのツールの使い方と仕組みを整える重要性を指摘した。これらの序論を含む本書は、「まえがき」に示したように、交通まちづくり小委員会の活動を基に議論を積み重ねた成果である。これらが、交通まちづくり研究の更なる発展に寄与するとともに、暮らしやすいまちの実現を目指す皆さんの一助となることを期待している。

[出典・参考文献]
[1]　交通まちづくり研究会編：『交通まちづくり―世界の都市と日本の都市に学ぶ』、交通工学研究会・丸善、2006 年
[2]　東京大学大学院工学系研究科編：『震災後の工学は何をめざすのか』、内田老鶴圃、2012 年

Column-1　コンパクトシティと新交通

人口減少時代における都市の姿

　我が国の人口は今後減り続け、2040年には2,078万人も少なくなると予想されている。実に全人口の約16％が国土から消滅するのだが、その減り方には地域差があることが知られている。総じて、東京などの大都市では減りにくく、大都市圏から離れた地方都市では大きく減少する。その結果、地域間格差はますます広がり、生き残る都市と消えゆく都市の二分化が始まる。

　例えば栃木県の場合、2040年の人口は、2010年の人口の82％（全国16位）と予測されており、首都圏に位置する恩恵を受けながら、予断を許さない。また、県内の市町村に目を向けると、ここにも地域間格差が見られる。茂木町や那須烏山市、日光市など東北道、東北本線などの南北の幹線交通軸から離れた自治体の減少幅が大きい。また、東北新幹線の停車駅のある自治体の人口減少率が低いことも特徴である。

　都市における人口問題は、人口の多寡ではなく、都市機能と人口のバランスにある。豊かな生活を実現できる都市機能（病院や学校などの都市施設、道路や橋などの社会基盤施設）が備わっており、それを現存する人口で賄いきれるのなら、大きな問題にはならない。問題なのは過大な都市機能を有した都市で、それを支える人口が減少して、その機能自体を維持できなくなった場合である。特に都市財政における収入と支出のバランスが崩れると、とたんに都市は衰退の方向に向かう。

　人口減少下の我が国の都市が持続可能となるには、「身の丈に合った都市」に再構築することである。少ない人口ならば、その人口規模に合わせた都市サイズに転換することで、需要と供給のバランスを図ることが可能となる。

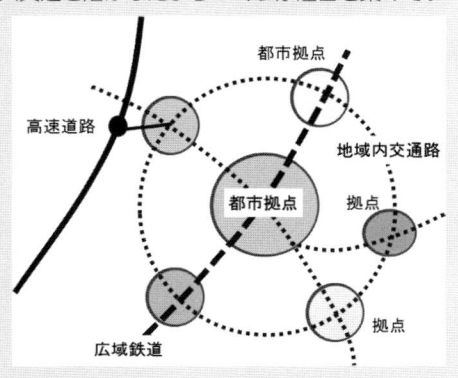

ネットワーク型コンパクトシティ

　このような背景から着目されてきたのが「コンパクトシティ (Compact City)」である。特に、我が国に適したものとして公共交通を活かしたまちづくりが注目を集めている。鉄道駅や電停、バス停を中心とした公共交通指向型開発 (Transit Oriented Development) を進めることで、拠点連携型のコンパクトな街を構築することができる。このような都市構造を「ネットワーク型コンパクトシティ」と呼んでいる。これは、「都市の中の多様な魅力を複数の拠点として集約（コンパクト化）し、それを利便性の高い公共交通を中心とする多様な交通手段で連携（ネットワーク化）した都市」のことである。都市構造のイメージを図1に示す。

図1　ネットワーク型コンパクトシティ

なお、ネットワーク型コンパクトシティは災害にも強い特徴を有している。集約拠点を繋ぐことで、仮に都市の一部が被災したとしても、都市内の相互補完性（redundancy）を確保することができる。また、他のエリアが弾力的に復旧活動を行うことで、都市全体の回復力（resilience）を高める効果も有している。

コンパクトシティを支える交通システム

それではネットワーク型コンパクトシティはどのようにして構築されるのだろうか。拡散した都市機能を、上手に集約しながら、持続可能な都市構造へと転換していくためには、土地市場が動くための都市戦略が必要である。

その戦略の1つが交通戦略である。歴史を振り返ると、都市の主要な交通手段が徒歩、鉄道、自動車と変化するごとに、都市構造が大きな変化を遂げた。街の中心は、徒歩の時代の旧市街地から、鉄道敷設によって鉄道駅周辺に移り、車の時代では幹線道路沿線に点在するようになったのがその典型である。

つまり、新たな交通機関の台頭が、新しい都市構造を創ることを示している。このように次世代の交通を上手に活用することで、都市の形を変えることができる。

次世代の都市構造として注目を集めているコンパクトシティも、交通体系を再構築することで、実現に近づくことができる。特に、超高齢社会に対応しつつ、環境に優しい新しい公共交通を主軸とした都市の改変を提案したい。ここで挙げた新しい公共交通とは、以下のような機能を有するものである。

① 定時性：専用走行路を有し、渋滞に影響されないシステムであること
② 快適性：振動が少なく、バリアフリーで高齢者にも優しいシステムであること
③ 環境性：少ないエネルギーで運行でき、騒音や排出ガスが少ないこと
④ 魅力性：車両や停車場が町並みに適合し、まちづくりに寄与できること

重要なことは、車からの乗り換えを誘発するだけの機能と、沿道土地利用を変化させるだけの付加価値を有するシステムである。このような機能を有する公共交通システムとして、近年世界中で注目されているのが次世代型路面電車システム（LRT）や快速バスシステム（BRT）である。

LRTはLight Rail Transitの略で、主として都市間交通を担う鉄道（Heavy Rail）に対して、都市内交通を担う軽量軌道（Light Rail）として誕生した。特徴としては、従来の路面電車の性能を向上させ、他の交通手段との連携強化を図り、総合的な都市交通システムとして、まちづくりに貢献しているものを指す。1978年にエドモントン市（カナダ）で整備されたものが最初のLRTとされる。その後、世界中で導入都市は増え続け、2013年時点で140都市を上回り、その後も増え続けている。

BRTはBus Rapid Transitの略で、大量の旅客をバスで高速に輸送することを可能としたシステムである。従来のバスとは異なり、専用の走行空間を有することで高頻度な定時運行ができ、場合によっては連結車両で輸送力が大幅に改善されている。先進的な事例として、オタワ（カナダ）、クリチバ（ブラジル）やボゴタ（コロンビア）が挙げられ、都市の基幹公共交通軸として発展している。

［執筆：森本章倫］

Column-2　モビリティとアベイラビリティの両立した「やさしく生活できる街」

　世界の大都市の多くは、河川に面している。その理由の第1は、鉄道や自動車のない時代の、舟運による物資輸送のためである。第2は、飲料水の確保である。その後建設される水路や水道により、川や井戸に水汲みに行かずに水を入手できることは、まさに文明（civilization）の証だった。

　現代でも、ネット通販によって本を宅配してもらうように、「自ら移動しなくても入手できること」が、便利で快適な都市生活を支えている。

　従来の交通計画は、「人が容易に移動できるモビリティ（mobility：移動性、可動性）」のための交通手段と交通施設の整備が主題だった。今後も、障害の有無、年齢、性別、国籍などを超えたユニバーサルデザイン確立のために、「モビリティの確保」は重要なテーマであり続けるだろう。

　一方で「移動せずに商品を入手できるアベイラビリティ（availability：入手可能性、可用性）」も重要である。特に少子高齢化社会の交通弱者が、生活弱者（買い物弱者、通院弱者など）とならないために、「アベイラビリティの確保」が不可欠である。いま新たなサービスとして、食料品や日用品のネット販売や生協宅配、市街地を周回する移動販売、常用薬や介護用品の宅配などが普及しつつある。それゆえ、生活弱者のための交通計画として、商品を届ける貨物車の通行や駐停車管理、荷さばき施設整備など、「ラストワンマイルの『交通まちづくり』」が重要となる。

　一例として、ロンドンでは「レッドルート」と呼ばれる原則駐停車禁止の道路であっても、部分的に「車椅子利用者3時間、貨物荷おろし20分」の駐車が認められている。物は自ら移動できず会話もできないため、「物は赤ちゃんと同じ」と見なせる。それゆえ、移動に制限の多い車椅子の人と、自らは移動できない貨物だけが、駐車を許されるのである。

　我が国は「人のモビリティ」を重視し、交通弱者への配慮も進んできたが、貨物や貨物車などへの「物のアベイラビリティ」には冷淡なように思う。パーキングベイは乗用車用が多く、ロンドンの計画思想とは正反対である。駐車場の附置義務も乗用車が中心で、貨物車用は不十分である。建築設計でも、荷さばき施設や建物内の貨物搬入路は忘れられがちである。

　今後は「移動したい人」の「モビリティ」に加え、「移動したくない人や移動できない人」の「アベイラビリティ」にも配慮してほしい。2つの両立を通じて「楽しく歩ける街」から「やさしく生活できる街」への進化を期待している。

[執筆：苦瀬博仁]

第Ⅱ部
交通まちづくりの理論
―実践を知る4つの視座―

1. ビジョンの構築と合意形成

将来ビジョンの必要性

　近年、「自動車中心のまちづくり」から「公共交通ならびに人中心のまちづくり」への転換が指向されており、そのための都市の将来ビジョンの再構築が必要となってきている。またその一方で、少子高齢化、人口減少社会、ならびに低炭素社会への対応も不可欠であり、長期的トレンドを踏まえた新たな都市像を目指したまちづくりが望まれている。

　国立社会保障・人口問題研究所の将来人口推計では、日本の総人口は2045年に約1億人程度になると予想されており、特に地方における人口減少、高齢化の進展は大きな課題になってくるものと危惧されている。また、1997年のCOP3（いわゆる地球温暖化防止京都会議）で示されたCO_2削減目標は、東日本大震災の発生による福島原子力発電所事故の問題以降、全国の原子力発電所が停止状態となり、その影響による火力発電所のフル稼働によって達成が危ぶまれているが、長期的には都市経営の観点からも持続可能なコンパクトシティの実現に向けたまちづくりが最重要課題である。

　本章では、交通まちづくりのビジョン構築の方向性とビジョン構築過程の課題、ビジョン策定と合意形成の方法、ならびにその課題についてまとめる。具体的には、過去の都市交通計画策定における将来ビジョンの構築過程を検証し、都心活性化や集約型都市構造の実現を目指すビジョン構築過程を調査し、各都市の相違点と類似性を明らかにすることにより、新たなビジョン構築手法を提示する。

ビジョン構築の方法とまちづくり

　一般に、計画（案）策定のアプローチ方法としては、課題（問題）解決型のアプローチと目標設定型のアプローチ（図1-1）があり、（交通）まちづくりのビジョン構築は、後者の目標設定型アプローチが使われる。一般的な策定手順は、交通まちづくりのための「基本理念」をビジョン構築委員会、あるいはビジョン構築懇話会などが策定し、まち（都市）の「将来像」を決定する。ワークショップの開催や市民を対象としたアンケート調査結果などをもとに、まちづくりの「基本目標」を策定する。

実践を知る4つの視座

**目標設定型アプローチ
交通まちづくりのビジョン構築**

```
交通まちづくりの「基本理念」
     ↓   ○○ビジョン構築委員会
     ↓   ○○ビジョン構築懇話会
まち(都市)の「将来像」
     ↓   ワークショップの開催
     ↓   市民アンケートの実施
     ↓   パブリックコメントの実施
まち(都市)づくりの「基本目標」
```

図1-1　目標設定型アプローチの手順

　某市の中心市街地活性化のための「まち（都市）づくり」を考える場合、その基本的な考え方（重点地区：中心市街地のまちづくり）として、①「多様な人が住まい、営み、交流するまちのにぎわいづくり」、②「生活に根付いたまちのほんものづくり」、③「古いものと新しいものが調和するまちの新たなみりょくづくり」、④「やさしさと親しみに満ちたまちのもてなしづくり」の4つの基本目標が示されているが、この「交通まちづくりにおける基本目標」をどのような過程で創り上げていくのかが課題となる。すなわち、都市の将来ビジョンをどのようにして創り上げていくのか、創り上げた将来ビジョンをどのようにして住民や議会に提示して、合意を取るのか。予算制約の中で、地域間のバランスを取り、各政策の優先順位をどのようにして決定するのか。その場合、住民や企業の協力が不可欠であるが、どのようにしてそれを依頼するのか。ビジョン構築過程におけるこれらの課題を明らかにすることが重要である。

　なお、将来ビジョンの構築と合意形成を目的に市民アンケートを実施し、ビジョン構築のための意見や要望を吸い上げる。各種意見交換会（例えば、住民説明会、市長と語る会、あるいはタウンミーティングなど）を開催して、意見収集を行う。さらには、市民を対象としたワークショップを行い、将来ビジョンの構築に向けて各種検討を行う。

　例えば、①将来ビジョンの構築をテーマとしたシンポジウムを開催し、その中でまちづくりを進める上での課題の整理や課題解決に向けた政策・対策の提案、またまちのあるべき姿、目指すべき方向性について話し合い、将来ビジョンの構築を行う。具体的な手法としては、KJ法を活用したり、SWOT分析などの手法を用いてワークショップを行うことも考えられる。また、②将来の都市像や暮らしを「マンガ」に仕立てて、市民に複数案を提案し、住民アンケートを実施する。そして、その結果をベースにワーク

ショプを行い、より良い将来ビジョンの構築に向けて検討を行う。さらに、③将来の都市像や暮らしを「マンガ」仕立てではなく、「未来日記」として仕上げ、②と同じように、住民アンケートの実施、その結果を活用したワークショップを開催し、将来ビジョンの構築を目指す方法などが考えられる。

この①〜③のワークショップ開催による意見集約の方法は、ボトムアップ方式による方法であり、現状課題の分析と整理、また課題解決に向けた方策の提案など、KJ法[注1)]等を使った問題構造（因果関係）の把握（明確化）と意見の集約化として使われることが多い。また、SWOT分析[注2)]による方法もまちづくり戦略の立案等によく使われる方法であり、都市の強み（Strength：内部環境）と時代背景などの機会（Opportunity：外部環境）を活かした「攻めの戦略」を考えることもできれば、都市の弱み（Weakness：内部環境）と脅威（Threat：外部環境）を考慮した「守りの戦略」を立てることも可能である（図 1-2）。

```
市民ワークショップの開催
 ・シンポジウム ＋ ワークショップ
 ・マンガによる話題提供 ＋ ワークショップ
 ・未来日記による話題提供 ＋ ワークショップ　など
```

図 1-2　市民ワークショップの開催による将来ビジョンの構築

例えば、将来の都市像や市民の生活スタイルを「マンガ」として表現し、ワークショップを開催するときの話題提供に活用する。具体的には、将来の都市像としていくつかのシナリオ（①公共交通や歩行者、自転車に配慮したまちづくりを行わないネガティブなストーリーとして、ファミリーの生活を想定したもの、②若い頃に引っ越してきた郊外の住宅団地も空き家

注1）　KJ法とは、日本の文化人類学者の川喜田二郎氏（元東京工業大学教授）が考案した技法で、蓄積された情報の中から必要なものを取り出し、関連するものをつなぎ合わせて整理することにより、全体の因果関係等を把握する技法のことであり、創造的問題解決手法として使われている。

注2）　SWOT分析とは、企業の戦略立案を行う際に使われる主要な分析手法の一つであり、外部環境（機会と脅威）と内部資源（強みと弱み）を認識し、的確に評価することで、経営戦略（マーケティング計画等）を策定する有効な手法である。1960年代から1970年代に、スタンダード大学の研究プロジェクトで開発された手法である。

が増え、路線バスの利便性も低下したようなネガティブなストーリーとして、高齢者の生活を想定したもの、あるいは逆に、③公共交通の利便性を向上させ、歩行者や自転車に配慮したポジティブなストーリーとして、ファミリーの生活を想定したもの、同じように、④緑豊かな郊外型住宅団地でも、都心からの基幹公共交通が便利で、駅周辺に生活に必要な各種施設が集まっているポジティブなストーリーとして、高齢者の生活を想定したものなど）を想定し、マンガ風に仕立てたものを提示して、ワークショップを開催する（図1-3）。

図1-3「マンガ」による将来都市像の提示方法[1]
[©NST研究会、かわいまゆみ]

　また、提示方法は異なるが、概ね10年後の公共交通のあるべき姿を「未来の日記」として描き、地域の公共交通の現状と課題、また将来に向けた公共交通の目指すべき方向性を示す手段として使うことが行われている。この方法は、北陸信越地域公共交通会議（第4回〜第6回審議会）におけ

る答申（案）[2]として答申されたものであり、北陸信越地域（新潟県、長野県、富山県、石川県の地域）に住むある家族の日常生活を想定して、日記風に描いたものである。未来日記の中では、新潟市に居住する主人公家族（4人家族）とその両親、兄弟姉妹の家族（輪島市、金沢市、長野市、富山市に、それぞれ在住）、との生活の中で、幹線交通や2次交通の現状と課題、将来のあるべき姿を示している。具体的には、4つの命題を掲げ、それぞれの命題に対して、現在（2005年）と未来（2015年）の登場人物の日常生活を想定し、日記として取りまとめ、あるべき姿を提示したものである。

　一方で、首長を含めた有識者による提案（提言）をまとめ上げて、将来ビジョンとする場合も多い。ただし、このような場合には、その将来ビジョンを公開し、パブリックコメントの募集を行い、住民合意を得るようにすることが一般的である。

主要都市における交通まちづくりとビジョン構築手法の特徴
　ここでは、金沢市、札幌市、宇都宮市、熊本市、富山市など、地方の主要都市における交通まちづくりを調査し、それぞれの都市におけるまちづくり計画手法の特徴を整理する。

　金沢市は、1970年に策定した「金沢市60万都市構想」、1984年度に作成した「21世紀"金沢の未来像"」、1996年度に作成した「金沢世界都市構想」に基づき、20年間市長を務めた山出保前市長のトップダウンのもと、都市計画マスタープランの見直し（2007～2008年度）を行ってきている。

　この金沢世界都市構想は、金沢のあるべき将来像として、小さくても世界の中で独特の輝きを放つ「世界都市 金沢」の形成を目指すことにあり、交通体系や都心軸の形成、都心地区の整備など、高次都市機能を整えると同時に、金沢の個性を磨き高め、自然と歴史を大切にする世界都市を目指すものである。具体的には、自然との共生、歴史との触れ合い、魅力ある景観の形成、そして市民生活の中に息づいている伝統文化をさらに継承・発展させ、国内はもとより世界との文化交流を深め、文化都市金沢としての厚みを増すようにまちづくりを進めるという構想である。

　都市計画マスタープランの見直しにおいては、委員会を7回開催し、その間、市民アンケート調査の実施と各地区における住民説明会をそれぞれ2回、また市民を対象としたフォーラムの開催などを通じて、情報提供を行っている。さらに、ホームページを使った委員会資料の公表とパブリックコメントの実施などを行い、都市計画マスタープランを決定している。

　なお、長期間にわたり交通まちづくりを進めるためには、市民の理解と

協力が不可欠であり、関係する交通事業者、道路管理者、交通管理者等との相互連携が重要となる。そのようなことから、詳しくは第Ⅲ部の第1章で後述するが、金沢市では交通まちづくりを進めるために、数々の「まちづくり条例」を制定し、着実に交通まちづくりを進めてきている。このことが、最大の特徴といえる。そして、個々の交通まちづくりを進めるために、その指針となる交通計画マスタープラン（新金沢交通戦略）の作成も行ってきている（図1-4）。

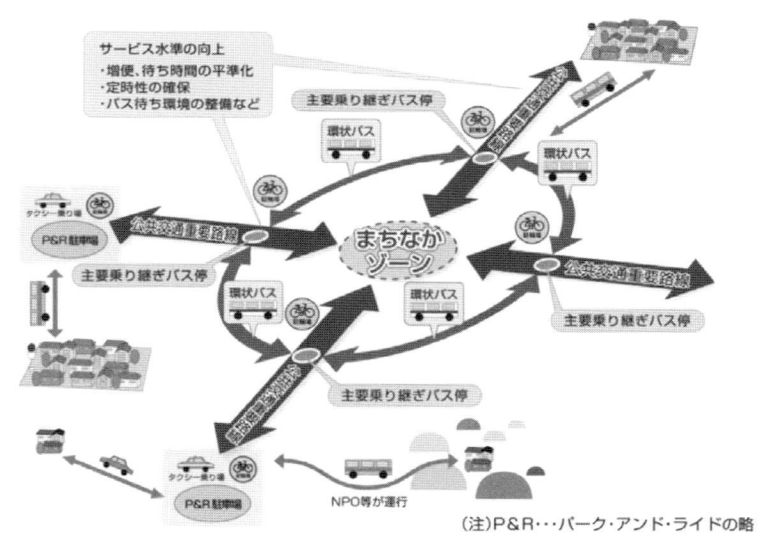

図1-4　金沢市の交通まちづくり（新金沢交通戦略における交通体系の全体イメージ）[3]

　札幌市では、1996年度に策定した第3次札幌市長期総合計画、2000年度からの第4次札幌市長期総合計画を受けて、市民向けパンフレットの発行ならびにニュースレター（第1号～10号）の発行、合計8回の市民勉強会の開催など、策定委員会での議論を一般市民に公表し、都市計画マスタープランの策定を行ってきた。また、都市計画に直接関連するさっぽろ都心交通計画や都心まちづくり計画についても、計画策定委員会の開催（5回）はもちろんのこと、専門部会の開催（5回）、起草部会の開催（3回）、都市計画審議会への説明など、市議会に対しても、丁寧に説明会を開催している。そして、都心交通社会実験、市民1000人ワークショップの実施など、「人と環境を重視した都心交通」と「人と車が共存する都心道路」の実現に向けて検討を行ってきている。
　このように、札幌市におけるまちづくり戦略を将来ビジョン（札幌市ま

ちづくり戦略ビジョン）としてまとめ、それを基にまちづくり戦略を推進するための中期実施計画として、個別の事業計画を進めることにしている。具体的には、「地域」、「経済」、「子供・若者」、「安全・安心」、「環境」、「文化」、「都市空間」の7つの項目に関して、それぞれ3～4の基本目標を掲げ、将来都市像の実現を目指した都市経営戦略を立てている。札幌市では、このまちづくり戦略を基に「さっぽろ都心まちづくり戦略」を作成し、具体的な交通まちづくりを進めている（図1-5）。

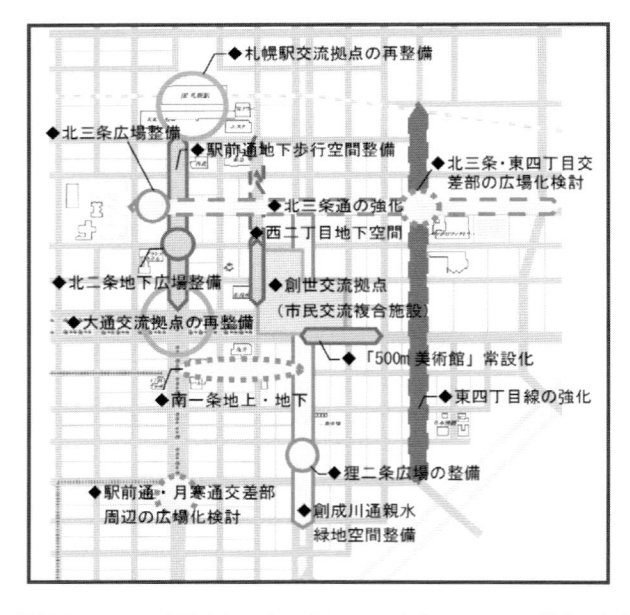

図1-5 札幌市における交通まちづくり（さっぽろ都心まちづくり戦略：都心まちづくりの重点的取組）[4]

　宇都宮の交通まちづくりの特徴は、ビジョンを定めた総合計画から交通戦略までの各種計画を連携させた目標設定型のアプローチを採っていることにある。宇都宮市は、2008年3月に第5次宇都宮市総合計画を策定し、「ネットワーク型コンパクトシティ」を目指すべき都市空間形成の理念として位置づけた。その中で、拠点化とその連携をまちづくりのキーワードとして掲げ、「土地利用の適正化」、「拠点化の促進」、「ネットワークの促進」の大きな指針を示した。これを受けて、同年に都市計画マスタープランの改定作業に入り、2010年4月に全体計画、地区別計画が策定された。
　宇都宮の目指すべき都市構造として、中心部に都心拠点を設ける一方で、

郊外部にも地域交流拠点（4地区）や産業流通拠点、観光交流拠点を設けるとした。加えてこれらの拠点を結ぶネットワークとして、南北方向の鉄道を補完する東西方向の軸である「東西基幹公共交通（LRT 等）」を位置づけた（図 1-6）。

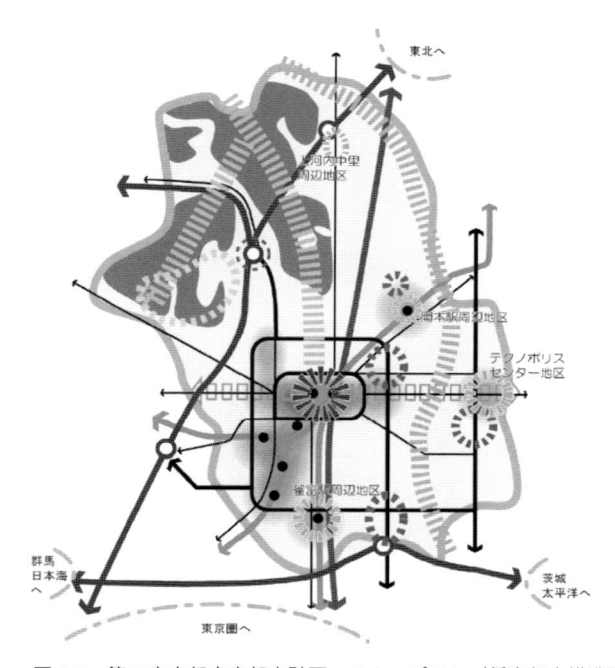

図 1-6　第 2 次宇都宮市都市計画マスタープラン（将来都市構造図）[5]

　これと期を同じくして、都市・地域交通戦略策定協議会が 2007 年 12 月に設置され、総合計画や都市計画マスタープランの策定委員会と連携を取りながら、2009 年 9 月に「宇都宮都市交通戦略」が策定された。この中で LRT を含む幹線公共交通軸と、デマンド交通に代表される支線公共交通を組み合わせた公共交通ネットワークにより、交通空白地域の解消を狙っている。
　また将来の LRT 導入後の生活イメージとして CG 動画を作成し、各種イベント時や Web サイトなどで積極的に情報提供を行い、市民 PR に努めている。
　熊本市では、第 6 次熊本市総合計画（基本構想、基本計画）や熊本都市圏ビジョン等の策定を受けて、第 2 次熊本市都市マスタープランの策定を行っている。このマスタープランの中では、まず都市全体の将来像を決定

し、それを基にまちづくりの方針を決めている。具体的には、九州新幹線鹿児島ルートの全線開通を契機に繰り広げられる都市間競争の激化予想の中、「九州中央の広域交流拠点にふさわしい都市づくり」と「誰もがいきいきと輝く暮らしやすい都市づくり」を基本目標として、中心市街地と地域拠点、また生活拠点をそれぞれ鉄道、電鉄、市電、幹線道路ならびに放射環状に張り巡らされた路線バス等で結び、地域間の交通アクセスの利便性を維持、確保する全体計画となっている（図 1-7）。策定に当たって特徴的なのは、オープンハウスを設置して、来場者にアンケート調査を実施していることであり、施策（計画）の PR と同時に、都市マスタープランに関するいろいろな意見を聴取できることである。

▲ 熊本市が目指す多核連携都市づくりのイメージ②

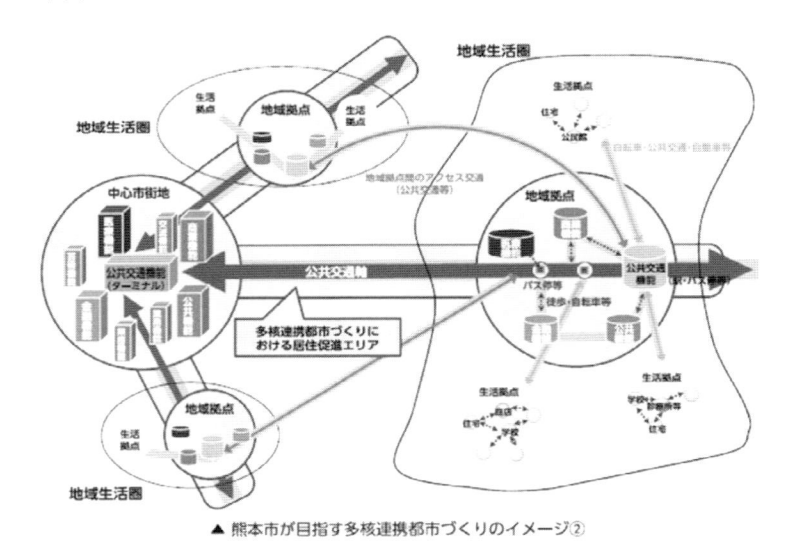

図 1-7　熊本市における多核連携都市づくりのイメージ（第 2 次熊本市都市マスタープラン：都市の交通骨格）[6]

　富山市では、市町村合併後のまちづくりとして、鉄軌道を活かした「お団子と串」の都市構造によるコンパクトなまちづくりを進めている（図 1-8）。具体的には、①車を自由に使えない人も安心・快適に暮らすことができるまちづくり、②郊外での居住やまちなかでの居住など、多様な住まい方を選択できるまちづくり、③地域ごとの拠点育成による拠点集中型のまちづくり、④川上から川下までの豊かな自然を守り育てるまちづくり、の 4 つの目標を設定している。

　なお、この都市マスタープランをまとめるに当たり、検討委員会を 5 回、

連絡会議を3回、策定会議を2回、また市民の意見を吸い上げるための市民アンケート調査も行っている。それらによりまとめた全体構想、地域別構想の素案に対するパブリックコメント、ならびに市内14カ所での住民説明会の実施など、都市マスタープランに対する住民合意を取るようにしている。

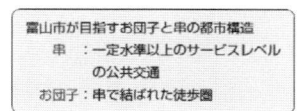

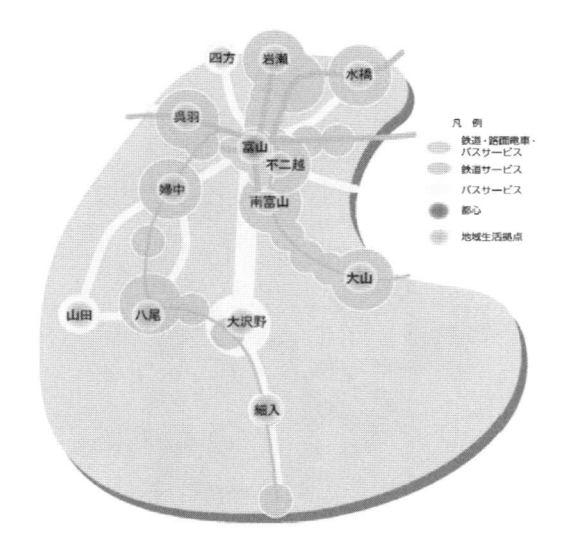

図 1-8　富山市における交通まちづくり（富山市都市マスタープラン：都市構造の概念図）[7]

　そして、この都市マスタープランで掲げた4つの目標を実現するために、様々な都市整備に関する計画を策定するとともに、森雅志市長のトップダウンにより都市整備を強力に進めている。例えば、富山市全体の交通問題を改善するために、富山市総合交通戦略を策定するとともに、その骨格を担う公共交通整備のための富山市公共交通活性化計画、富山市地域公共交通連携計画の策定など、ハード・ソフト両面から具体的に整備計画の実施を進めている。

　以上の各都市における都市計画マスタープランを中心としたビジョン構築の経過を比較しても、それぞれ特徴があり、各都市においていろいろな

工夫を行っていることが明らかとなった。

　一般的に、将来ビジョンの構築には、ビジョン策定委員会等での議論に加え、市民の意見を広く伺う方法として、先に記述した市民アンケートの実施や地域ごとのワークショップの開催、また、市民向けのシンポジウムの開催やフォーラムの開催など、いろいろな方法が採られているようである。ビジョン策定段階の経過や議論の内容などについても、最近ではインターネットを活用した情報公開や従来型のニュースレターの発行・配布、あるいは、将来ビジョンをアニメやマンガ等で表現して説明し、住民合意を取ったり、CG アニメーションとして「見える化」する方法も採られている。

　全国政令市、中核市、特例市の都市計画マスタープランの策定経過を概観すると、すべての都市において都市計画マスタープランの策定や見直しが行われているが、交通計画マスタープラン、交通戦略、交通ビジョン等の関連する交通まちづくり計画は必ずしも策定されていない。政令市では、ほとんどの都市において策定されているが、特例市では策定されていない都市が多い状況にある。

　この背景には、①財政的に交通まちづくり計画を策定する予算の確保が難しいこと、②交通まちづくりを専門とするスタッフがいないこと、③人口集積や都市規模を考慮した場合、主要な交通手段は自動車交通であり、軌道系交通システムやバス路線の再編など、大幅に見直す必然性が低い場合が多いこと、などの理由がある。

　ただし、これからの人口減少や少子高齢化の進展、また税収減少等を考えれば、現状での交通まちづくりの必要性がそれほど高くない都市においても、今後、新たな交通まちづくりが必要になってくるものと考えられる。そのようなことから考えても、都市の将来ビジョンを描き、その都市像を実現するための交通戦略を立案し推進することが必ず必要になってくるといえる。

　そのためにも、第2章や第3章で取り上げられるように、交通戦略策定のベースとなる交通状況の把握や課題の明確化のための新たな調査方法の開発、また地域の交通システムを維持し改善していくための新しい制度の提案など、今後のさらなる研究の発展を期待したい。

[出典・参考文献]
[1] 須永大介：「将来の首都圏郊外部における将来像とわかりやすい表現形式に関する検討」、『交通まちづくり－都市交通戦略のビジョン構築と合意形成－』、日交研シリーズ A-551、公益社団法人日本交通政策研究会、pp.12-24、2012 年

[2] 国土交通省北陸信越地方交通審議会（第 6 回資料「未来の日記」）
[3] 金沢市 Web ページ（新金沢交通戦略）
[4] 札幌市 Web ページ（さっぽろ都心まちづくり戦略）
[5] 宇都宮市 Web ページ（第 2 次宇都宮市都市計画マスタープラン：全体構想）
[6] 熊本市 Web ページ（第 2 次熊本市都市マスタープラン：全体構想）
[7] 富山市 Web ページ（富山市都市マスタープラン：全体構想）

2. 交通まちづくりのための調査手法

交通まちづくりのための交通調査

　都市交通計画の分野で従来行われてきた総合的な交通調査として、人の1日の行動全体を把握するパーソントリップ調査（以下、PT調査）がよく知られている。これは、人がいつ、どこからどこへ、何の目的で、どの交通手段で移動したかといったトリップの情報を、アンケート形式で記入させるものである。1950年代にアメリカ・デトロイトでのDMATS（Detroit Metropolitan Area Traffic Study）で初めての大規模で総合的な調査が行われ、国内では1967年に広島都市圏で行われたPT調査を端緒とする。

　一方、2000年頃から愛媛大学のグループを中心に開発が進められたプローブパーソン調査（以下、PP調査）は、被験者に携帯型端末やスマートフォンを携帯してもらい、スマートフォンから得られる様々なセンサー情報から交通まちづくりのための有用な情報を収集する方法である。

　PT調査では調査票は個人や世帯ごとに配布されて回答・回収が行われる。調査項目に差はあるが、トリップに関する情報を記入させることで、若者から高齢者まで、地域全体の移動の概要を把握することに優れた調査であり、母都市の人口が30万人以上の都市圏で10年に一度程度行われ、定期的に更新されている。しかし、アンケート形式の調査であることから、移動に関わる位置や時刻・時間の詳細な情報を記録させることは困難であり、分析もゾーン単位・時間帯単位といった集計された単位で行われることが多かった。

　これに対して、1990年代以降に発展した非集計分析を基本としたアクティビティベーストモデルでは、PT調査より細かな集計単位での交通行動の観測が必要となっている。PP調査は集約型都市構造に向けた交通まちづくりのようにゾーン内移動を詳細に分析したり、健康医療福祉都市構想のように高齢者の動きを詳細に把握したりしたい場合に適した調査方法といえるだろう。従前の調査のスケールに対して、様々なデータを融合的に用いると同時に、ミクロ交通シミュレーションや歩行挙動シミュレーションを組み合わせることで、ゾーンから街路、ドットレベルの詳細な交通施策の評価が可能となる（図2-1）。

　この章では、PT調査の調査手法の高度化の取り組みと、交通まちづく

りへの PP 調査の適用について紹介する。

交通行動の観測と記述のスケール

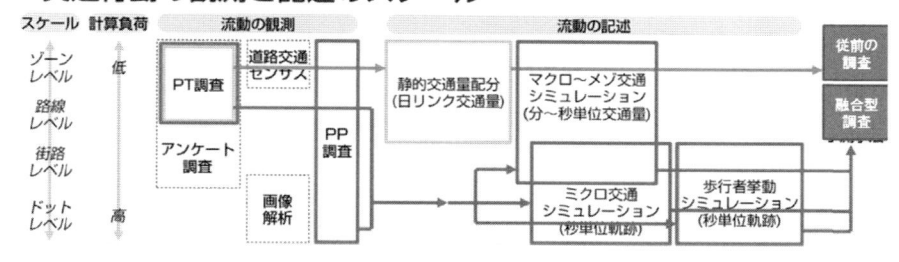

図 2-1　PP 調査と PT 調査の活用方法　[著者作成]

パーソントリップ調査の課題と新たなデータ収集の工夫

　上で述べたように、PT 調査は市民の 1 日の交通行動を調査するが、通常はそれを集計したデータを用いて推定された交通需要予測モデルにより、ゾーン単位で将来の交通行動が予測される。この PT 調査は、交通計画のための基礎的な調査として各都市で活用されてきた。しかしながら、マンションの増加により個人宅への訪問が困難になってきていたり、プライバシー意識の高まりなどの理由から、主流であった家庭訪問による調査の回収率は低下しつつあり、より効果的な調査手法が必要となっている。ここでは、住民とコミュニケーションを図ることで調査の有効回収率を向上させる方法や、予備ロットの適切な投入により、セグメントごとの回収率を均一化させる方法などについて、2012 年に実施された第 4 回熊本都市圏 PT 調査で導入した実例を紹介する。

(1)　コミュニケーションツールと一体となったデータ収集

　第 4 回熊本都市圏 PT 調査は家庭訪問ではなく、郵送により調査票を配布し、郵送で回収する方法（希望者は Web）で実施された。実施に当たっては、行政や大学等が様々な機会を捉えて調査実施の広報活動を展開し、周知を図った。その結果、有効回収率については、近年、同様に郵送で実施された東京、福島、高知の各都市圏 PT 調査でのそれが概ね 25％程度であったのに対して、熊本都市圏では約 35％となり、10 ポイントも高い回収率を得た（**写真 2-1**）。

写真 2-1　街頭 PR：副知事、熊本市長による街頭での PR を実施

(2) 属性別・地区別に均一なデータを取得するアンケート方法

　PT 調査に限らず、アンケート調査を実施した場合、属性・地域別に回収状況が異なる。しかし、多くのアンケート調査では、回収状況を予測せず一律に対象者を抽出している。これに対して、民間のダイレクトメールの送付においては、過去の返送データを分析し、有効性の高い世帯に送付するような取り組みが既に実施されている。今後、PT 調査等のアンケート調査を実施する場合も、回収状況に応じた調査世帯の選定・配布が必要となってくるであろう。ここでは、熊本都市圏 PT 調査で導入した①予備調査票の配布、②属性別回収率を想定した調査世帯の抽出の事例について述べる。

　① 予備調査票の配布方法

　上述したように、PT 調査は家庭訪問方式での実施が困難となってきており、郵送方式での実施に移りつつある。郵送方式となったことから、複数のロットに分けて調査票を配布し、ロットごとの回収状況を監視しつつ、さらに予備票を投入することが可能となる。

　図 2-2 は、熊本都市圏 PT 調査での郵送配布方式による回収スケジュール表である。3 ロットに分けて調査票を配布するとともに、第 1 ロットの回収状況を確認して、予備票の投入を実施している。予備票投入に当たっては、他地域での返送率、および無効票率を設定し、ゾーン別・年齢別の想定有効回収率が目標回収率を下回れば、そのセグメントに予備票を投入している。

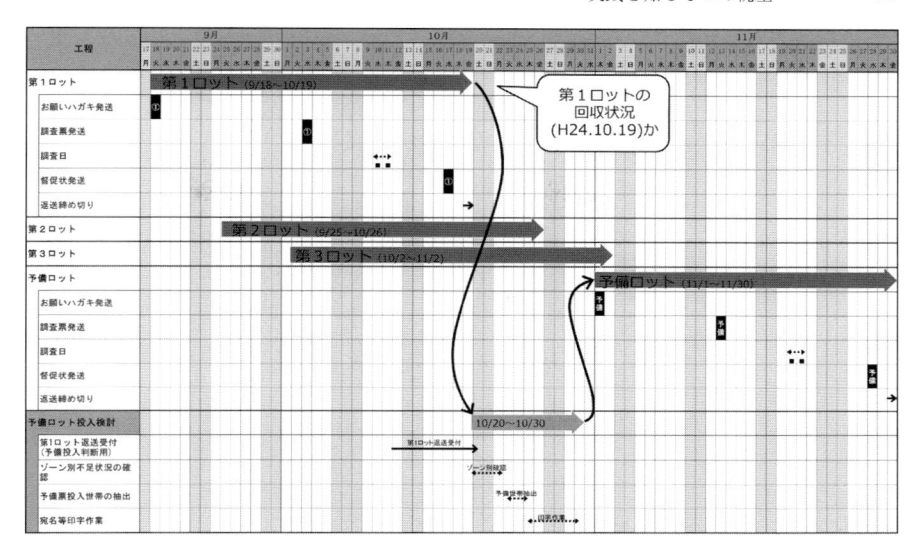

図2-2 調査票配布のスケジュール[1]

　予備票の投入は全てのセグメントに均一に実施するのではなく、サンプルが不足しているセグメントに集中して実施することにより、限られた予算の効率的利用や調査票の回収率の向上、ひいては母集団代表性の向上にもつながる。想定有効回収率はあくまで第1ロット終了時点での速報値であり、回収誤差が含まれている。そのため、速報の想定回収率ではなく、回収率の母比率に関する検定統計量を利用して算出した追加すべき調査票数を投入することで、予備調査の投入に関する誤判断率を低下させることができた。

　図2-3の上図には予備ロットの実施によって年齢階層別の調査票の回収数が増加した結果を示す。総回収数のうちの予備ロットによる回収数は多いわけではないが、回収数が特に少ない25～29歳セグメントでは、他のセグメントに比して相対的に多くなっている。下図には、横軸に熊本市のCゾーンの順、縦軸に25～29歳セグメントのサンプル率（＝回収数／人口）のゾーン累積値を示す。目標回収率25％に相当するサンプル率は8％となるが、正規ロットではこれに達したセグメントの割合が21％であるのに対して、予備ロットの実施によって38％にまで向上させることができた。

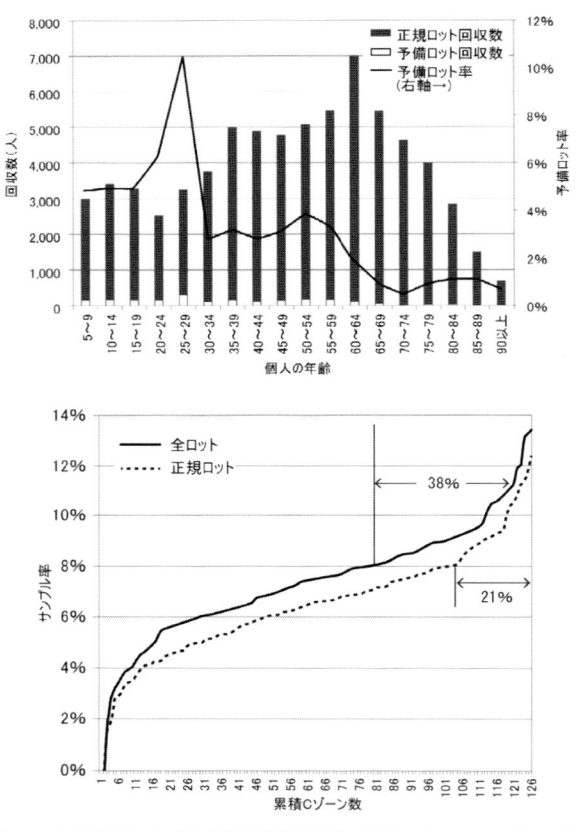

図 2-3　予備ロットの実施による年齢階層別回収数（上）／25〜29歳セグメントのサンプル率の向上（Cゾーン単位）（下）[2]

② 属性別回収率を想定した調査票の配布方法

PT調査では、市町村別に回収率を設定し、全世帯からこの回収数に相当する世帯を等間隔で抽出するのが一般的である。しかしながら、前述したように、性、年齢などの属性によって回収率がかなり異なることが、多くのPT調査の経験から指摘されている。そこで、配布対象者の属性や居住地特性を変数とするPT調査への参加/不参加の意思決定モデルを推定しておき、このモデルを用いてあらかじめ回収率を予測した上で、ゾーン別の抽出世帯数を効率的に設定する手法を導入した。表2-1に示すように、郵送方式で回収した熊本都市圏PT調査の世帯票の分析からも、性、年齢、世帯数、居住地域によって調査への参加/不参加の意思決定構造が有意に異なるという結果が得られている。

表2-1 PT調査への参加／不参加の意思決定2項選択モデル推定結果 [3]

説明変数	推定値	t 値
性別（男：1，女：0）	−0.099	−4.37 *
年齢	0.011	19.81 *
居住地ダミー（東区）	0.069	2.39 *
世帯人数	0.042	5.27 *
第1,2種低層住居専用地域	0.568	4.70 *
第1,2種中高層住居専用地域	0.191	4.26 *
準住居地域	−0.559	−1.14
近隣商業・商業地域	−0.020	−0.31
準工業・工業地域	−0.021	−0.25
定数項（PT調査参加）	−1.344	−28.58
サンプル数		37,232
ρ^2		0.120
修正済み ρ^2		0.119

注） ＊：5%有意

　また、1日のトリップを調査する手法として、郵送方式、Web方式、PP調査方式などが考えられる。今回の熊本都市圏PT調査では、紙媒体の調査票への回答・返信に加えて、Webによる調査も可能にした。図2-4は回答者の年齢階層別の回答媒体であるが、若い世帯でWeb調査での回答が多くなっている。このような属性別の調査参加率の特徴を参考にして、調査票配布数や調査デバイス、例えば、若者にはスマホ型、主婦層にはモニター型、高齢者には訪問型等、属性に応じた調査手法を検討することが肝要である。

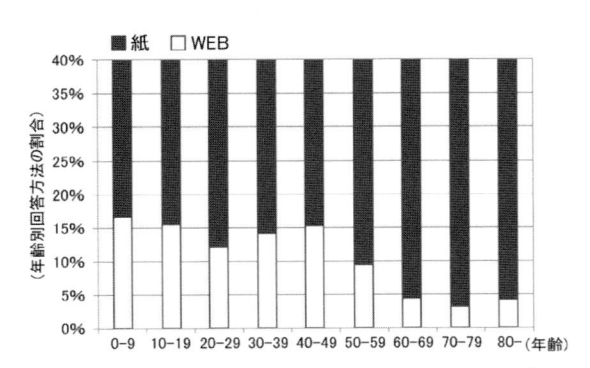

図2-4 熊本都市圏PT調査の年齢別回答方法の割合 [3]

プローブパーソン調査の交通まちづくりへの適用

(1) プローブパーソンデータの特徴

　PP調査によって取得されるデータはGPSによる位置データが一般的であるが、携帯型端末やセンサーの発達・低価格化により、近年では加速度

や気圧などのデータも同時に取得可能になりつつある。また、PP調査では自動的に取得されるデータに加えて、利用した交通手段や移動目的、目的地・出発地などを尋ねるWebダイアリー調査も同時に行われ、個人属性や行動の決定要因の観測が可能である。取得したデータの選別や各データの取得間隔・調査形式は、調査の方針によって最適なものが選択される。

　PP調査の大きな特徴は、まず、詳細な位置情報が膨大なデータとして取得できることにある。これによって従前のPT調査や道路交通センサスで取り扱ってきたゾーン単位のスケールの行動情報から、ゾーン内の行動情報を詳細に収集することが可能になる。また、経路レベルでの個人の移動軌跡が得られ、従来の調査では得られなかったゾーン内のミクロな行動が把握できることも大きな特徴である。交通まちづくりにおいて重要になる空間計画や街路計画、結節点内部の人の動きを把握できる点は大きな特徴といえるだろう。

　また、位置情報に加えて観測日時も自動的に記録されるため、報告式の調査手法で問題となっていた時刻の丸めといった問題も解消できる。さらに、同一個人について複数日にわたり調査を行うことで、個人の行動の周期や曜日・季節による変動、繰り返しによる学習効果などを観測することができる。1日の行動調査からは現れない施策の影響、長期的効果などを考慮する上でも非常に重要な特性であるといえよう。例えば、平均的な1日を想定した調査からはわかりえない観光計画の立案に資することも可能となる。

　さらに、前述したように近年では技術の進展によって加速度や気圧データ、歩数や運動負荷といった新しいデータも取得することが可能になった。移動中の加速度によって従来個別に尋ねた移動手段を自動で判別することや、歩数・運動負荷といった情報を用いて個人の活動量を分析することも可能になる。高齢者の歩行速度の低下や、階段の上り下りといったバリアフリーに関する交通行動の把握が可能な点も大きな特徴といえるだろう。

　一方で、スマートフォンなどの携帯機器を用いているため、操作の難しさや、操作のし忘れなどによって情報の漏れが発生する。特に高齢者には機器の操作が難しいことが大きな課題である。近年では地下鉄内でも電波の届く路線が登場するなど、時代を経るにつれて調査環境は良化しているものの、まだGPSの位置情報には場所によって大きなずれが生じるといった問題点がある。

(2)　プローブパーソン調査の適用例

　図2-5に周南PP調査の事例を示している。この調査ではWebダイアリーとスマートフォンを用いて、商店街の回遊行動調査を実施しており、トラ

実践を知る 4 つの視座　　33

調査項目	集計単位	備考
【個人・世帯属性】（紙ベースの調査用紙に記入）		
世帯人数	人数・間柄・年齢	
現住所	町丁目単位	個人情報の保護に留意
自動車免許有無	有無	
自動車車両	有無	
二輪車車両	有無	
性別	男 / 女	
年齢	1 歳単位	
職業	自由記述	
勤務先・通学先	町丁目単位	個人情報の保護に留意
【トリップ属性】（web ダイアリーにより入力）		
出発 / 到着地	緯度経度	
出発 / 到着時間	秒単位	
移動目的	9 分毎	
交通手段	12 分毎	
乗換地点	緯度経度	
【移動データ特性】（スマートフォン機器により自動計測）		
GPS 位置座標	緯度経度、高度、1 秒間隔	移動中でない場合 300 秒間隔
GPS 測位誤差	メートル	
3 軸加速度	最大 100Hz（1/100 秒間隔）	交通手段により周期レベルに差

(1) 駐車場利用者

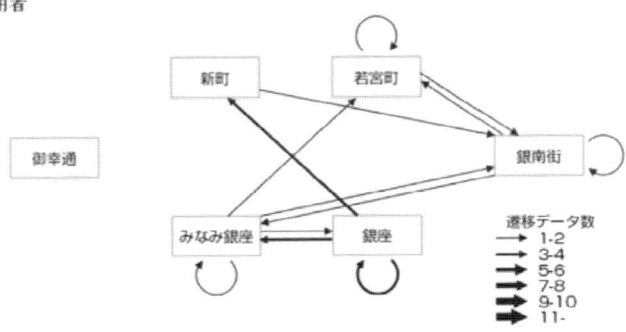

(2) 自転車利用者

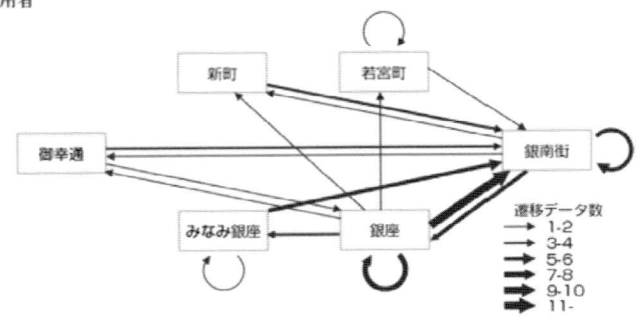

図 2-5　周南 PP 調査の概要（上）と、車での来訪者と自転車での来訪者の回遊パターンの違い（下）［著者作成］

ンジットセルの計画策定にこうしたデータが用いられている。来訪時の交通機関が車の場合と自転車の場合とでは、回遊パターンが大きく異なっており、車で来訪した場合には単純な回遊パターンを示しているのに対して、自転車で中心市街地を訪れた場合の方が様々な回遊パターンが見られる。

図 2-6 は渋谷エリアにおける PP 調査の結果を示しており、渋谷地区で視認時間の長いエリアが分析できることを意味している。人の目に触れる時間が長い空間とそうではない空間を明らかにすることで、広告規制のあり方の検討が可能になることを意味している。

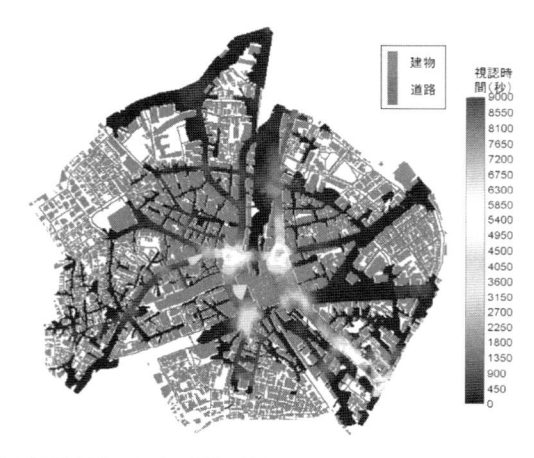

図 2-6 渋谷の回遊空間における視認時間の長さを分析することで、広告価値の高い空間を明らかにした例 ［著者作成］

図 2-7 に示す札幌の事例では、歩行者は駅前通を歩いているのに対して、自転車利用者は、西 5 丁目通りを通行しており、交通機関による経路選択の傾向に違いを確認することで、サイン計画や歩行者のための街路空間再配分に有益な示唆が得られるといえよう。

交通まちづくりにおける調査のこれから

交通まちづくりにおいて評価したい政策と交通行動の空間スケールは様々である（図 2-8）。都市圏レベルの政策に加え、微視的なゾーン内の拠点整備や集約型都市構造の実現に伴う動線の変化といった、具体的な交通まちづくりの効果を分析したいケースにおいて、異なる分解能データを統一的に分析する必要が生じることは間違いない。こうした際に、従前の PT 調査に加え、PP 調査を組み合わせることで多様な政策評価が可能になる。

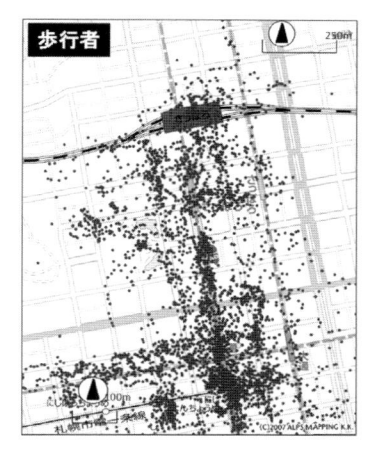

図 2-7　札幌の歩行者と自転車の回遊行動分析事例［著者作成］

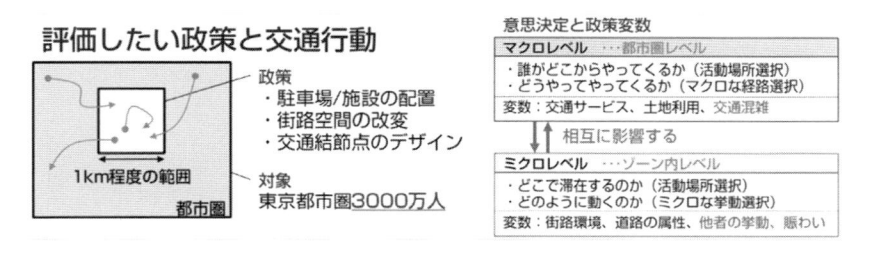

図 2-8　交通まちづくりにおける評価したい政策と交通行動［著者作成］

[出典・参考文献]
[1] 熊本都市圏総合交通計画協議会資料
[2] 円山琢也・宮原進・三ヶ尻祐司・佐藤嘉洋：「郵送型 PT 調査における動的な予備調査票の投入手法の提案」、第 34 回交通工学研究会発表論文集、pp.311-316、2014 年
[3] 円山琢也・平原雄太郎：「スマホ調査を実施した PT 調査における調査参加選択行動モデルの構築」、土木計画学研究・講演集、No.49、2014 年

Column-3　金沢都市圏における事業所協力型の
　　　　　パーソントリップ実態調査手法

実態調査の手法

　国内で実施されているPT調査については、家庭訪問調査が、近年、個人情報保護法などにより実質的に困難となっていることもあり、限られた財源の中で効率的かつ必要なサンプル数の確保を行うための調査手法が求められてきている。

　2007年度に実施された「第4回金沢都市圏パーソントリップ調査」においても、調査予算が第3回調査の約2分の1という制約の中で、従来のサンプル数を確保する方法の検討が必要となり、結果的に事業所協力型の調査方法が採用された。事業所の従業者とその家族を対象とした調査及び高齢者世帯、学生を対象とした調査を組み合わせることで、結果として、当初目標としたサンプル数および従来の家庭訪問調査と同程度の精度を確保することができた。ここでは、その概要について紹介する。

① 実態調査手法の概要

　実態調査は、表1に示すように3種類の調査を実施した。

表1　第4回金沢都市圏PT調査における実態調査

実態調査の種類	調査手法
A 事業所等調査	事業所等の従業者の世帯を対象とした調査
B 高齢世帯調査	高齢世帯をランダム抽出して調査
C 学生調査	学生（単独）世帯に大学を通じて調査

② 結果および成功の要因

　調査により得られたサンプルは、中ゾーン（21ゾーン）レベルの母集団との相関は、0.94であり、第3回PTの家庭訪問調査結果（相関係数0.95）と比べても遜色のない精度であった。

　このような精度が確保できた要因としては、(a) 従業者の大半が都市圏内居住であり、移動についても都市圏内が主であること、(b) 事業所の協力が得られやすい地方都市圏ならではの土地柄であり、回収率が当初の想定の2倍に当たる62％あり、サンプリングできた事業所位置の偏在も少なかったことなどが挙げられる。

　このような結果から、今回の手法の有効性が検証されたことで、調査費用削減の一手法として検討の余地があると考えられる。また、携帯位置情報などの新たな調査が検討されている中で、今回の事業所協力型の調査との組み合わせによる、より有効な調査体系構築の可能性についても、さらに検討を行う意義は高いと考える。

PT調査を用いた分析・評価の特徴

　金沢都市圏では、公共交通の利用者減少、都市機能の郊外化の進展と中心市街地の空洞化をはじめ、様々な都市課題と交通特性の変化を明らかにするために以下の分析を行った。

① 都市構造の変化と交通状況の変化

金沢都市圏では、この10数年の間に商業施設、大学、行政機関などの中心部からの移転による、郊外部の自動車交通需要増加と、中心市街地周辺の交通需要減少が顕著であることを、過年度との比較により定量的に示した。

② 中心部における交通状況

交通機関別の滞留時間を分析して、公共交通利用者は自動車利用者に比べて中心部での滞在時間が長いことを示すことで、公共交通利用増加が賑わいの創出に寄与する可能性があることを示した。また、自転車については、中心部内の移動において利便性が高い交通手段として利用が進んでいることが明らかとなった。

③ 高齢者関連交通の状況

高齢者関連交通については、年齢による外出特性や補助装具の有無等、医療・厚生・福祉施設配置と高齢者のOD（起終点）の関連性、時間帯別・年齢階層別の外出目的・外出先、高齢運転者の増加傾向等について分析を行った。

④ 将来交通需要予測と対策案の立案・評価

将来人口予測をベースに、交通量が社会経済状況に応じて推移した場合（趨勢型）の予測に加え、政策課題としての公共交通強化策（(a) バスのパターンダイヤ化による待ち時間の短縮、(b) 基幹バスの導入による速達性と定時性の向上、(c) パークアンドライド駐車場の拡充）および都市計画道路の整備による都市交通や環境に与える影響をシミュレートした。

その結果、公共交通サービス向上策により、施策未実施（趨勢型）に比べ公共交通の発生量および分担率を向上させ、環境負荷の低減につながることが示された。

⑤ 分析・予測結果からみた施策の方向性

上記の分析・評価を受け、金沢都市圏における今後の交通施策として、「交通環境改善のための公共交通体系の強化」、「中心部における交通環境の改善」、「高齢者等における安全・快適な交通手段確保」、「新幹線開業に対応した交通機能の整備・充実」、「ニーズに対応した効率的な道路整備の交通施策」の各方向性を示した。

［執筆：児玉 健、塩士圭介］

3. 交通まちづくりのための制度

幅広い都市計画制度

　交通まちづくりに関連する制度は極めて多岐にわたる。本章では、その中でも各都市の交通まちづくりの方向性を考える上で近年特に重要視されている、公共交通と土地利用計画の連携や、都市構造のコントロールに関わる諸制度について主に解説を加えることとする。

　このように議論の対象を絞ってもなお、例えば交通まちづくりに関連する公共交通側の制度だけでも、その整備、助成に関わる様々な仕組みや諸制度があり、また鉄道、LRT、BRT、バスなどそれぞれの手段によってその性格や内容も異なっている。土地利用側の制度に至っては、既存の線引き制度や用途地域なども含め、その関連範囲は非常に広い。また、駐車場整備のための助成や規制、中心市街地活性化に関連する制度など、交通まちづくりに間接的に影響する制度まで取り上げると、それだけで何冊もの書籍となってしまう。全国で統一された形で定められている国の制度に加え、第Ⅲ部の第1章で紹介される金沢市のように、自治体独自に様々な条例を定めているケースも少なくない。

　一方、交通まちづくりのための制度をしっかりと支えて行く上で、前章で詳述した様々な基礎データや調査の仕組みが求められる。併せて後述するように、意思決定のための様々なサポートや財源、および意識改革の促進も含め、「狭義」の制度概念ではカバーしきれないが、交通まちづくりの全体像を考える上では避けて通れない「広義」の交通まちづくり制度を本章では概観する。

交通計画とまちづくり制度の融合へ
(1) 社会状況の変化と求められる集約化

　モータリゼーションが進み都市機能の郊外立地が進んだことで、様々な都市の歪みが顕在化した。これから本格的な高齢化と人口減少社会が到来すること、環境配慮がより一層必要となること、社会基盤の老朽化が進む中で自治体の財政制約がさらに厳しくなっていくこと、などの社会状況の変化が、本書で解説するような集約型の交通まちづくりの必要性を高めている。これはコンパクトなまちづくりとも表現されるが、公共交通の利便

性を高め、そのターミナル周辺などに都市の機能をなるべく集約し、自動車に頼らなくても済むような都市構造を構築しようというものである。

そもそも土地利用と交通に関する諸制度は別々の枠組みで構築されていたが、このような目標を達成するため、その両者は近年ようやく歩み寄るようになった。都市コンパクト化を念頭に置いた交通まちづくりが効率的に推進されることで、環境負荷低減、公共交通利用促進、行政コストの縮減、高齢化社会への対応、エネルギー利用の効率化など、これからの人口減少社会において一石五鳥にも六鳥にもなる極めて効果的なまちづくりが期待できる。加えて近年は、健康・医療・福祉の観点からも「歩いて暮らせるまちづくり」の重要性が認知され、都市コンパクト化が要請されるようになっている[1]。

(2) 変わってきた国の制度と自治体のビジョン

近年になり、「交通」と「土地利用」を一体的に考えて計画すべきとする国の姿勢は、

① 社会資本整備審議会第二次答申（2007年7月）[2]
② 都市の低炭素化の促進に関する法律（エコまち法）（2012年12月施行）
③ 交通政策基本法（2013年12月施行）
④ 都市再生特別措置法等の一部改正（2014年8月施行）
⑤ 地域公共交通の活性化及び再生に関する法律（地域公共交通活性化・再生法）の一部改正（2014年11月施行）

といった制度づくりを通じて顕著になってきている。

①により、図3-1に示すような都市コンパクト化に基づく交通まちづくりのイメージが広く地方自治体に流布されることとなった。同じく2007年には、このような交通まちづくりを支援すべく、都市・地域総合交通戦略や地域公共交通総合連携計画の制度も国により創設され、重点的な補助

低密度になった拡散市街地
市街地が全体的に希薄化

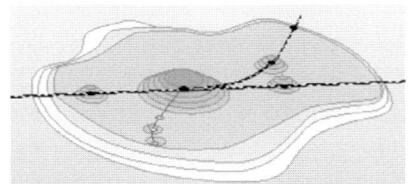

求めるべき市街地像
基幹的な公共交通沿いに集約拠点の形成を促進

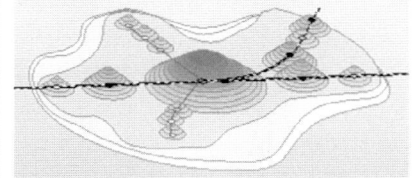

図3-1 交通まちづくりの基本となる集約型都市構造のイメージ[3]

を行う仕組みが整備された。

　こうした制度の変化に伴い、制度の実際の運用主体である地方自治体が取る行動も変化してきた。各自治体が交通まちづくりを考える上で策定する最も基本的な計画は都市計画マスタープラン（以下、都市マス）であり、都市整備のビジョンはそこで提示されることになる。

　全国都市交通特性調査を経年的に実施している40都市を対象に、都市マスの記述内容（改訂分も含め全51冊、総量およそ8,000ページ）を精査すると、2001年から2011年にかけてコンパクトシティの推進が積極的に書き込まれるようになっている（図3-2）[4]。この間に、我が国の多くの自治体の都市整備コンセプトは、都市マスという都市計画の根幹をなす制度を通じて、郊外への拡大からコンパクトなまちづくりへと大きく舵が切られたのである。この期間は、同時にまちづくりにおいて住民参画が重視されるようになったこととも重なり、様々な主体の協働という観点からも交通まちづくりのあり方について見直しが進んだといえる。

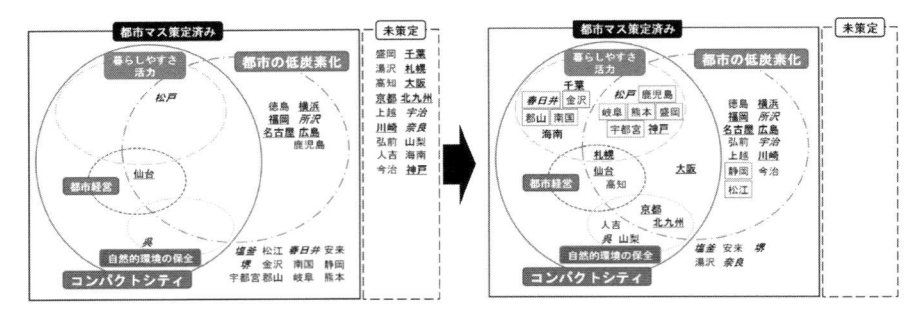

(a) 2001年時点　　　　(b) 2011年時点

注1）　大都市圏核都市（太字・下線）、大都市圏周辺都市（太字・斜体）、地方圏都市（標準字体）
注2）　都市名が四角囲みの都市は、この間に一度作成した都市マスの改訂を行っている

図3-2　都市マスの記載内容に見るコンパクトシティ政策の内容の変遷 [5]

(3)　コンパクトな都市のビジョンを実現する制度

　しかし、少子高齢・人口減少時代を迎え、都市コンパクト化に基づく交通まちづくりのビジョンを具現化する上で、従来型の規制的手法を中心とした都市計画の限界は明らかであった。事業者の独立採算を原則としてきた公共交通についても、公共の立場を計画により広く反映し得る実効性ある仕組みづくりが求められていた。そして何より、都市計画と交通計画の双方がより有効に連携しうる制度づくりが待たれていた。2014年に施行された上記④と⑤の制度改革は、そうした要請に応え得るものと期待される。

④の都市再生特別措置法等の一部改正では、図 3-3 に示すとおり、自治体が策定する「立地適正化計画」において、公共交通ターミナル周辺の特に交通利便性の高い地区が都市機能誘導区域に指定され、区域内への立地を誘導すべき都市機能の種類が定められる。また、それに次ぐ地区は居住誘導区域として指定される。区域外での都市機能立地や住宅建設について事前の届出を求め、問題のあるものには勧告（より適切な立地を促す働きかけ）を行う制度を設けるとともに、税制上、財政・金融上、あるいは容積率ボーナスといった支援を通じて、しかるべき都市サービスや居住機能の立地を適切に誘導することを容易にしようとしている。

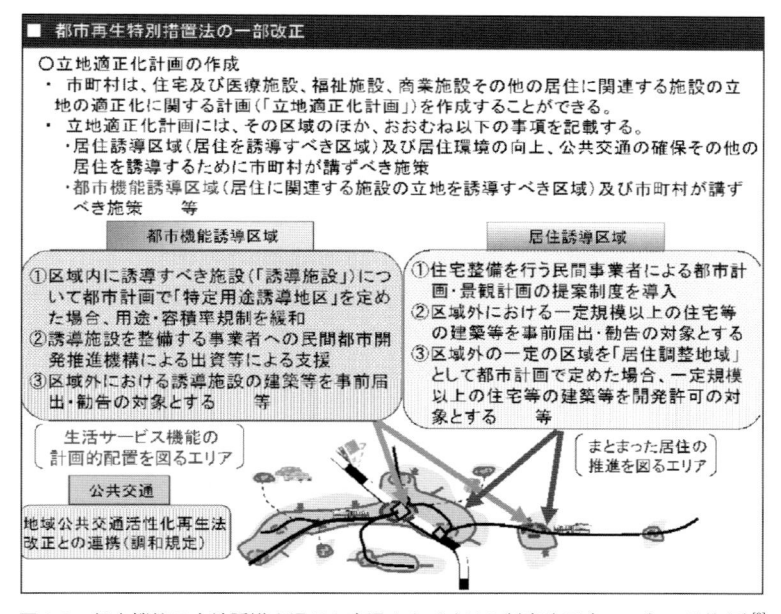

図 3-3　都市機能の立地誘導を通じた交通まちづくりの制度改正（2014 年 8 月施行）[9]

⑤の地域公共交通活性化・再生法の一部改正は、まちづくりとの連携や地域全体の面的な公共交通ネットワークの再構築を視点に加えた「地域公共交通網形成計画」を、市町村や都道府県が事業者などと協議の上で策定できるものとした。地域公共交通網形成計画は立地適正化計画への調和が求められており、公共交通側が土地利用側と連動して施策展開する仕組みが整えられている。また、いわゆるもうかる路線にだけ新規参入する「クリームスキミング」の防止も念頭に置いている。

制度を支える仕組みや工夫
(1) 客観的判断を可能にする指標

都市機能の集約化を通じ、図 3-3 に基づく形で効率的な交通まちづくりを行おうとしても、例えば実際にどの範囲を都市機能誘導区域として指定し、どの機能の集約を図るべきかを判断することは簡単ではない。このような検討を行う際には、何らかの客観指標があれば関係者間で議論が行いやすい。そのような客観指標の提供は、意思決定を行う上での技術的なサポートとして位置づけられるが、そういった仕組みも、広義には交通まちづくりの制度の中に含まれると考えて差し支えない。

例えば、公共交通の利便性をアクセシビリティ値として客観的に評価し、土地利用・交通計画に広く活用しようとする試みがある。英国・ロンドンの PTAL（Public Transport Accessibility Level：図 3-4）は運行頻度の高い公共交通への近接性を評価した指標で、開発に附置できる駐車場の量や建てられる住宅の密度が、その地点の PTAL の水準によって規定される仕組みになっている。また、いわゆる社会的排除の問題に対し、主要な活動機会へのアクセシビリティを評価する標準的な手法を国が定め、自治体レベルでは、交通のみならず土地利用や保健など関連部局が連携して対処することを狙った「アクセシビリティ・プランニング」と呼ばれる取り組みも行われている [6]。

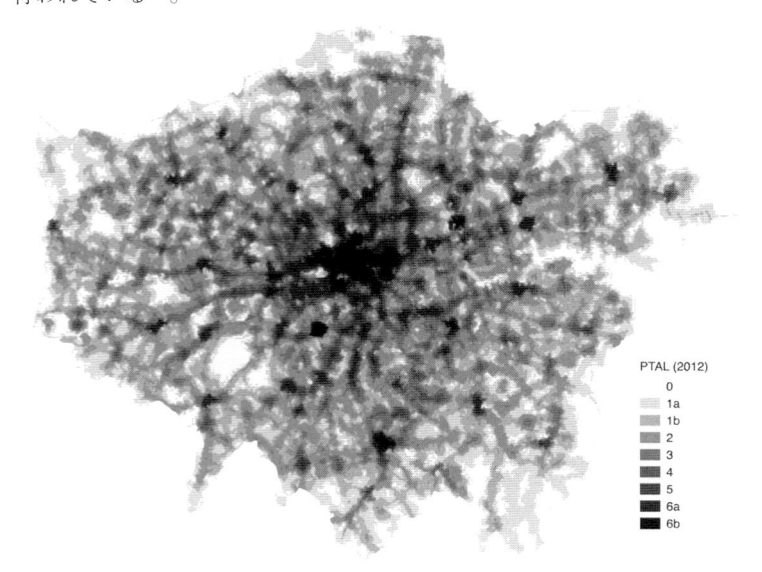

図 3-4 ロンドンの PTAL 指標（2012 年）［TfL Open Data より著者作成］

(2) 制度を支える財源

　交通まちづくりを実践するには、そのための財源も必要であるが、我が国では実際のところ十分な予算が割かれていない実態がある。環境や社会保障などの単独分野への財政支出は増加傾向にあるが、交通まちづくりはそれらとも連動する領域であるため、柔軟な予算対応が可能となる仕組みづくりが待たれている。

　近年では、自治体が自らの裁量で利用内容を決めることのできる社会資本整備総合交付金も担保されるようになっている。先述した都市再生特別措置法等の改正に伴い、各自治体は立地適正化計画を策定することを通じ、従来より高い補助率でこの交付金を使用することが可能となるなど、財政的な支援策はさらに整えられつつある。

　ちなみに、この交付金の前身であるまちづくり交付金は、やはり使途の自由度が高く、各自治体が独自の自己評価ルールを定め、経年的に運用・評価を行ってきた実績がある。どのような分野にまちづくり交付金が投下されてきたかを把握すべく、合計で5,818ある評価指標のキーワードを抽出し分類した結果が図3-5である[7]。

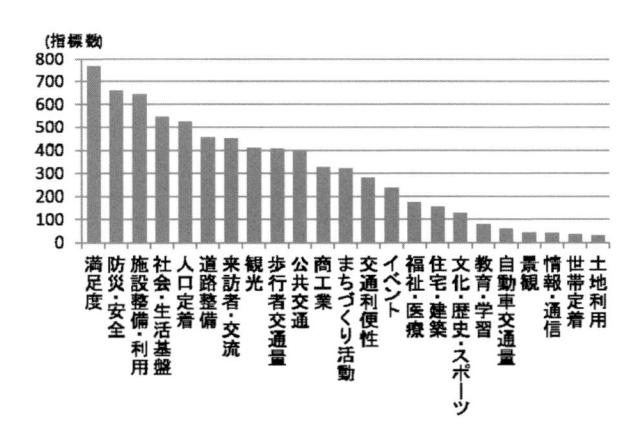

図3-5　まちづくり交付金：キーワード別の評価指標数で見た取り組み内容の分類
［著者作成］

　歩行者交通量や交通利便性など、交通まちづくり関連の指標数はそれほど多くないことが読み取れる。各取り組みの評価結果までを個別に吟味すると、交通まちづくりに関連する取り組みの多くは、その性格上、公共交通乗降客数など関連する評価指標値を大きく改善させることは極めて難しい。このため、その評価結果は他の評価項目（例えば、イベント実施の満

足度など）と比較して大きく見劣りし、結果として、取り組まれる数が少なくなりがちな傾向があることに注意が必要である。

なお、欧州の先進都市では公共交通の運営費補助が市の一般財源の1割程度を占めるところも多く、「都市の装置」としての公共交通の維持は必要経費と見なされ、その支出に対する考え方が我が国とは異なっている。また、フランスでは、このほかにもグルネル制度等を通じ、交通まちづくりに十分な資金が流れるよう新たな工夫がなされている[8]。

(3) 制度の枠組みの広がり

以上で紹介した以外にも、都市コンパクト化とそれに基づく交通まちづくりを促進する上で、既に様々な制度的工夫が重ねられている[9]。また、一口に公共交通といっても幹線系の鉄道、LRT、BRT やバス、さらには支線部分をカバーするデマンド交通など幅は広く、それぞれの計画・運行・運営の考え方とともに、全体の総合性を担保するための仕組みにもバリエーションがある[10]。

拠点となる魅力的なまちなかを形成するために大事なポイントは、土地利用や公共交通そのものの外にも存在する。特に、多くの地方都市のまちなかでは青空駐車場が増加し、その賑わいの拠点としての機能が失われ、楽しく歩ける空間の連続性が損なわれるとともに、都市景観の観点からも大きな問題になっている。こうした中で、まちなかの駐車場の立地を適切に誘導するための仕組みづくりが重要である[11]。

自治体レベルで、例えば地域ルールに基づく隔地駐車場の奨励（東京・渋谷地区など）、条例によるまちなか駐車場の適正配置を狙った届出・助言の仕組みや附置義務の緩和（金沢市：第Ⅲ部第1章参照）、駐車場出入口の設置回避（横浜市など）といった取り組みがあるが、先述した国の制度④でも、立地適正化計画の中に「駐車場配置適正化区域」が指定できるよう制度化がなされた。

今後の展開に向けて
(1) 広域的視点を取り入れる仕組みをつくる

冒頭で述べたとおり、交通まちづくりに関わる制度は本来極めて広範にわたるが、少なくとも本章で主に紹介してきた交通と土地利用の連携を進めるための制度は着実に整えられてきたといえよう。本節では最後に、今後の展開として著者が重要と考えることを2点指摘したい。

第一に、交通まちづくりを考える空間スケールを適切に取ることが非常に大事である。現在のように基礎自治体が計画立案の中心を担う仕組みは、

住民に近いところでその意見を十分に反映させた意思決定を行いやすいというメリットがある反面、広域的な観点との齟齬を来すことも考えられる。

例えば、単一の自治体より広い都市圏のスケールで見たときに、どういう都市機能をどの拠点に集積させ、逆にどこには立地させるべきでないかや、拠点間をどれだけの水準の交通サービスで結ぶのがよいかは、個別の自治体が考えるそれらと整合するとは限らない。その結果、集約先としてふさわしくない拠点や交通サービス・交通インフラに過剰な投資がなされる可能性は少なくない。

財源制約の厳しい人口減少下の社会においては、広域的な視点から重要性の高い拠点とネットワークを絞り、絞られたものに重点的に投資するといったメリハリある整備を行うことが理想的である。拠点の数を減じることは、地域での合意形成を進める上で一般的に極めて難しい案件といえるが、海外では、150以上あった「中心地」と呼ばれる計画的拠点をおよそ3分の1にまで絞った先進的なベルリン・ブランデンブルグ都市圏のようなケースもある[12]。

このように広域的・大局的な視点から、自治体や開発事業者、交通事業者が持つ様々な利害や行動原理を調整し、束ね、方向づけるための仕組みづくりは、制度面に残された大きな課題である。その際には、多様な主体が納得し得る客観的で合理的な計画評価手法を開発することや、利害を埋め合わせるための財政的調整の制度を設計することなども重要な課題となろう。

(2) 住民の認知を高める

第二に、交通まちづくりのための制度の整備は前に進んでいるとはいっても、予算措置や技術的支援まで含めて、まだ十分な水準にあるとは言い難い。それは、住民の大多数がまだ自動車を自由に運転できるため、日常的な買い物に出かけることが難しい、体を悪くしても病院へ行けない、などの生活上の困難が今後生じ得るというリスクを認識していないことによる部分が大きいと考えられる。しかし、一般に歳を重ねるにつれて運転が困難になることを鑑みれば、自動車に依存して成り立っている現在の拡散した都市構造それ自体がリスクを内在しているのである[13]。

交通まちづくりが目指すのはハードなものづくりではない。それは手段の1つでしかない。関係者の意識変革や次章で述べる担い手の育成、さらには住民・市民のエンカレッジをも通じて、暮らしやすいまちを実現することこそが本旨である。日本国民の声によって交通まちづくりの制度がさらに整うことによって、選択肢の多い豊かな未来を手に入れられるのと同時に、関連するリスクが顕在化した悲惨な社会の到来を少しでも回避でき

ることを忘れてはならない。

[出典・参考文献]
[1] 国土交通省都市局まちづくり推進課・都市計画課・街路施設計画課：「健康・医療・福祉のまちづくりの推進ガイドライン（技術的助言）」、2014年
[2] 社会資本整備審議会：「新しい時代の都市計画はいかにあるべきか。（第二次答申）」、2007年
[3] 国土交通省都市・地域整備局：「集約型都市構造の実現に向けて」、2007年
[4] 谷口守・肥後洋平・落合淳太：「都市計画マスタープランに見る低炭素化のためのコンパクトシティ政策の現状」、環境システム研究、Vol.40、pp.395-402、2012年
[5] 国土交通省：「都市再生特別措置法等の一部を改正する法律案について」、2014年
[6] 髙見淳史：「英国・イングランドにおけるアクセシビリティ・プランニングとその空間計画への適用」、都市計画報告集、No.10-3、pp.145-148、2011年
[7] 谷口守・宮木祐任：「まちづくり交付金活用自治体による評価指標設定と自己評価の傾向分析」、都市計画論文集、Vol.46、No.3、pp.1003-1008、2011年
[8] 松中亮治：「環境グルネル関連プロジェクトにみるフランスの都市公共交通政策の動向」、都市計画論文集、Vol.47、No.2、pp.154-160、2012年
[9] 鈴木一将・森本章倫：「集約型都市実現に向けた立地誘導策の体系化の検討」、土木学会論文集D3、Vol.67、No.5、pp.I_315-I_320、2011年
[10] 中村文彦：『バスでまちづくり－都市交通の再生をめざして－』、学芸出版社、2006年
[11] 国際交通安全学会編、岸井隆幸・大沢昌玄・松本篤・半田真理子・松村みち子・中村文彦・日野祐滋・木谷弘司・横浜市都市整備局・松井直人：『駐車場からのまちづくり－都市再生のために－』、学芸出版社、2012年
[12] 髙見淳史・植田拓磨・藤井正・谷口守：「ベルリン都市圏の中心地再編にみる新たな縮退型都市圏計画の一考察」、地域学研究、Vol.41、No.3、pp.785-797、2011年
[13] 安立光陽・鈴木勉・谷口守：「コンパクトシティ形成過程における都市構造リスクに関する予見」、土木学会論文集D3、Vol.68、No.2、pp.70-83、2012年
[14] 谷口守：「コンパクトシティの『その後』と『これから』」、日本不動産学会誌、Vol.24、No.1、pp.59-65、2010年

Column-4　栃木県における大規模開発と交通アセスメント

　交通と土地利用の調和を図る観点から、大規模開発の交通影響を事前に評価し、交通対策を講ずるための手法・制度として、交通アセスメントがある。栃木県では、2000年の大規模小売店舗立地法（以下、大店立地法）施行以来、行政と関係機関が連携して大規模小売店舗（以下、大店）の交通アセスメントを実施しており、2005年の指針改定に合わせて独自基準を作成し運用している。

　大店の交通アセスメントを実施する際には、多くの関係機関との調整が必要となる。大店立地法の運用を行う行政庁は、法により都道府県および政令指定都市とされており、商工部局が主管となることが多い。一方、道路円滑化対策では道路管理者、交通管理者との密接な連携が必要となる。特に大規模開発の場合、交通影響の範囲が広いため、道路管理者も国道、県道、市道と広範囲に及び、国・県・市の担当者との調整が必要となる。

　また、土地開発を行った公団や公社などの公的な機関、出店を希望している開発事業者、あるいは交通調査業務を委託されたコンサルタントなどが関与する。栃木県では、大規模小売店舗立地審議会の事前協議として、関係機関と密な連絡を取りながら総合的な対策を実施している（図1）。

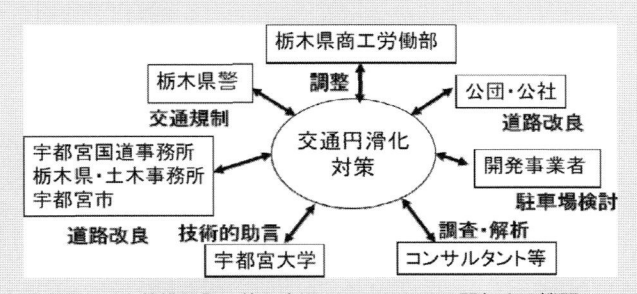

図1　大規模開発に伴う交通アセスメントに関与する機関

　大店の交通アセスメントは地域によって異なる。そこで栃木県では、官学の共同研究を実施し、その成果に基づき2006年に独自基準を作成した。地域性を考慮したパラメータを用いた必要駐車台数の算出式と、交通流動の予測（交通シミュレーション）を実施する要件に関するマニュアルを栃木県ホームページで公開している。

　交通渋滞の予測は、店舗への入退店経路や、店舗出入口の位置、交差点との関係など詳細な検討が必要となる。そのため、大店立地によって「周辺道路に著しい影響を与えるおそれがある」場合には、大店の設置者に交通シミュレーションの実施を義務づけている。シミュレーション実施の基準は、①ピーク時1時間当たりの来台数が600台以上となる場合、②ピーク時来台数が200台以上、またはピーク時1時間当たりの道路の1方向当たり来台数で100台以上となることが予想される場合である（図2）。

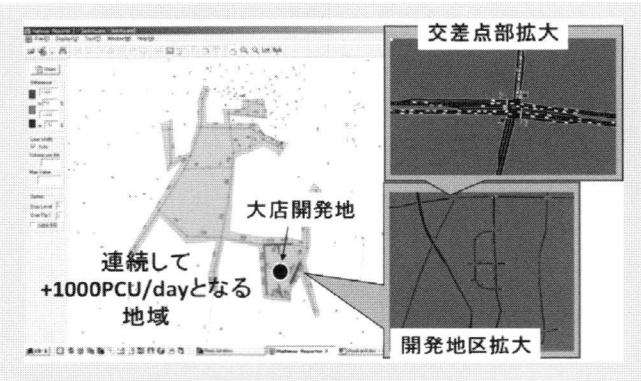

図2　大店立地の交通シミュレーション

　交通流動予測の結果、著しい渋滞発生が予測された場合は、設置者は、県経営支援課、道路管理者、交通管理者、市町村等と協議の上、渋滞緩和等に必要な対策を講じなければならない。出店前に十分な事前対策を施すことで、開発後の影響を最小化している。このような交通アセスメントは全国の先駆的な事例であり、独自基準作成の一連の内容は学会論文として公表されている。

[出典・参考文献]
[1] 森本章倫：「交通計画分野における政策提言型の官学共同調査研究：大規模開発の交通アセスメントを事例として」、日本行動計量学会、第38回大会、2010年
[2] 「大規模小売店舗の出店に伴う交通影響評価に関する研究報告書」、財団法人栃木県建設総合技術センター、2006年
[3] 栃木県Webページ「大規模小売店舗立地法のご案内」
[4] 森本章倫・古池弘隆：「大規模小売店舗立地法における交通にかかわる独自基準の作成」、都市計画論文集、Vol.41、No.3、pp.133-138、2006年

[執筆：森本章倫]

4. 交通まちづくりの担い手とその育成

交通まちづくりを推進する人材

　持続可能な社会システムを構築するためには、交通の果たす役割の重要性が広く認識されて、交通政策基本法の制定（2013年）をはじめとする地域の交通に関わる法制度が充実してきた。この潮流の1つである「地域公共交通の活性化及び再生に関する法律」の改正（2014年）では、これまで交通事業者任せであった地域公共交通について自治体が主体的な役割を果たすこととされている。このため、全国の自治体は地域公共交通に関する政策を立案し、実践するための人材を早急に育成することが必要となる。

　こうした法制度などは、今後も充実していくものと考えられる。交通に関わる社会的な動向を的確に把握し、地域の実情を踏まえた適切な交通政策の策定や事業実施を推進できる人材の育成は、これまで以上に重要となっている。

　交通政策の中心的な担い手である行政の交通部門においては、法制度や予算の枠組みに応じて自動車、鉄道、バス、自転車、歩行等の交通手段ごとに担当部署が異なることが多く、各部門の枠の中での問題解決を志向するために、まちや暮らしと関連づけた総合的な交通政策の策定や実践の取り組みが十分ではなかった。また、地域公共交通の運営を担う交通事業者は、これまでの路線維持などを中心に経営することが多く、一部の事業者を除いて地域との関わりが十分ではなく、新たな利用者の獲得などが見いだせないでいる。

　しかし、人口減少社会における人々の生活を支えるためには、交通を手段ごとに分節するのではなく、「望ましい生活像の実現を通して暮らしやすいまちを構築する価値創造型のまちづくりに貢献する交通計画」[1]である交通まちづくりを推進することが重要であり、かつ必要となる。

　これを実現するためには、これまでの行政・交通事業者の取り組み姿勢の変更とともに、地域の住民や商業などの事業者などにも主体的な関わりを促すことが不可欠となる。

　まさに、交通まちづくりを担う人材において、交通政策の専門性を持つことと、「地域の住民による自律的・継続的な環境改善活動」[2]と定義さ

れる「まちづくり」について取り組むことができる人たちを、行政をはじめとする多様な分野で育成することが期待されている。

交通まちづくりを推進する人材に必要なこと

　交通まちづくりを推進するためには、基本的な交通関係のデータに関する知見や、公共交通の運営に関する基礎知識や動向、LRT や BRT、ゾーン 30 など世界の交通政策の動向、モビリティ・マネジメント等の交通政策についての基本的な知識を持つことが望ましい。

　さらに、交通まちづくりを推進するためには、先に定義した「まちづくり」を進めるために必要とされる技術がある。それが次の 3 点である[3]。これについても理解を深めるとともに、様々な現場において実際の活動に参加することで経験値を高めることが不可欠となる。

　① 関係する多様な人々が集まる「場」をつくること

　まちづくりは、関係する人たち、関心のある人たちが一堂に会することから始まる。行政・交通事業者・地域住民などの立場からの参加だけでなく、お互いに「顔が見える」関係を作り出すことで知識と知恵を出し合える。信頼関係が構築できる。これを継続した活動として推進するためには、「場」の設定が不可欠である。

　② コミュニケーションを広げること

　ここで言うコミュニケーションとして、「場」の参加者から多様な意見を出してもらい、これをまとめていくために行われるワークショップなどの参加のデザインの技法のほかに、地域の人々からの意見について傾聴し意向を把握することなど、様々なものがある。こうしたコミュニケーションを通して、地域が抱える問題の構造化（複数の問題の相互の関連性の把握や本質的な問題についての認識の共有化など）や対応すべき課題の優先順位の明確化が可能となる。

　③ （小さなことでもよいから）出された提案を実現すること

　①と②を通して、地域の抱える課題とそれについての解決策が整理されることになる。これを実現するためには、行政が予算化することで取り組むことだけでなく、住民でできることや、交通事業者と一緒になることで実行可能なことなど、関係する主体で実施できるものなどがある。こうしたものの中で、小さなことでもよいから、出された提案を実現することが必要である。小さな成功の積み重ねが、大きな問題解決のためには不可欠となる。

人材育成の現場

　交通まちづくりに関する人材育成は、地域公共交通の存続が厳しくなりつつあることを受けて、国土交通省等における研修や府県レベルでの研修などが増加しつつある。ただ、行政主体の研修では対象が行政職員中心ということもあり、制度や補助金などの説明にウエイトが置かれることが多い。制度や補助金に関する情報自体は重要なことではあるが、これだけでは、交通まちづくりを推進するための視野の拡大やまちづくりに関する3つの技術を身につけることは容易ではない。

　また、大学においてもこうした取り組みが次第に広がっている。例えば、東大まちづくり大学院[4]では「都市づくり・まちづくり」に関する幅広い知識と技術の修得を目的とする社会人向けの修士課程を2007年度から開設している。また、京都大学大学院工学研究科交通政策研究ユニット[5]では、実務者を対象として、新しい時代に向けた都市交通政策に関する理論や手法を学ぶコースが2009年度（2013年度までの名称は低炭素都市圏政策ユニット）から開設されている。こうした大学での取り組みでは、参加者が行政だけでなく、交通事業者、コンサルタントなど多様な職種の人たちから構成されているため、参加者間の交流による視野の拡大なども期待される。ただ、大学の場合は、単位認定などの関係で実務者が通うためには勤務先の理解などが不可欠となる。

　さらに、次節で詳しく活動を紹介するNPOなどの人材育成活動がある。これは、実務者が個人としても参加することを前提として、総合交通政策や交通まちづくりを実現するために、大学教員や行政、コンサルタントなどの人たちが中心になって実学的な学びの場を開設しているものである。

　このほかにも、主に行政担当者向けに国土交通大学校では「総合交通体系（地域モビリティ戦略）」[6]、全国市町村国際文化研修所では「これからのまちづくりと地域の交通」[7]などが開設され、人材育成の場が次第に拡大しつつある。

NPO法人・再生塾の活動

(1) 再生塾とは

　「NPO法人・持続可能なまちと交通をめざす再生塾（略称、再生塾）」（現理事長：正司健一神戸大学教授）は、2007年度に故北村隆一京都大学教授（初代理事長）の呼びかけによって、自動車から公共交通を中心とする交通政策に転換し、世界の諸都市に負けないような総合交通政策を日本で実現するために人材育成をすることを目的として大阪市内で開設された。

　塾生の対象には、行政職員や交通事業者・コンサルタントの実務者だけ

でなく、まちづくりの主体となる地域住民や企業の人たちも含んでいる。育成する人材像を、交通だけでなく地域の課題を見つけ出し、実践的な解決策を提案する能力を備えることであるとして、交通とまちづくりを一体として考えていくための理論と実践に関する最新の情報を体系的に提供するとともに、属性の異なる参加者間の相互の対話・交流（コミュニケーションによる互学互習）を通して「ビジョンと夢」を持つことを重視している。

現在では、入門者向けのワンデーセミナーである「基礎編」（50名規模）、主に議員を対象とした「地方議員セミナー」、そして基礎編などを終えた実務者向けの「アドバンスドコース」、アドバンスドコースの1つとして交通系のデータの取り扱い、データ分析技術、アンケート調査の設計と解析、GISなどデータの可視化などについて学ぶ「技術セミナー」の4つの講習を実施している。これらの講習の講師（大学・行政・コンサルタント）はすべて再生塾のメンバーであり、ボランティアで勤めている。また、運営についてはNPO法人の会費と塾生の皆さんからの参加費で賄っている。

塾生は、開催地関西だけでなく中国・四国地方や北陸・名古屋等広域からの参加があり、これまでに延べ700人近い人たちが受講をしている[注]。

(2) 互学互習のアドバンスドコース

ここでは、特に人材育成の効果が大きなアドバンスドコースの内容について概説する。

毎年4カ月にわたって実施しているアドバンスドコースは定員20名で、その参加者は20～60代の幅広い年齢層とキャリア、職種も行政・交通事業者・コンサルタント・大学・地方議員など、また都市部から過疎地までの多様な地域からの実務者が集まっている。そこで、参加者の人たち自身の多様な経験と知識と知恵の交流を重視して、互学互習をすることで新たな知の創出と気づきを促す場となるように運営をしている。そのために、参加者は異なる属性で構成される5名程度でチームを編成し、チームごとに課題に取り組むことにしている。このチームを単位として場づくりやチーム・ビルディングの体験やコミュニケーションの方法を学ぶことを意図している。

こうした学びが効果的に促進されるように、各チームには2～3名の経

注) 再生塾については下記の文献でも詳述されているので参考にしていただきたい。
村尾俊道・土井勉・中川大・正司健一・本田豊・東徹・大藤武彦：「総合的な交通政策を実現するための実務者教育の実践～NPO法人・再生塾の活動から～」、土木学会 土木技術者実践論文集 Vol.1、pp.83-92、2010年

験を積んだLF(ラーニング・ファシリテーター)を配している。LFは、チームが効果的に機能しているのか確認し、時には介入し、塾生に気づきを促すような質問をすることで対話を活性化させる補助者の役割を担う。

このチームでは、塾が提示するフィールドを対象として、現地調査などを行い問題抽出・課題設定を行い、最後に解決策の提案を取りまとめて発表を行う。この発表における提案は、「君が担当しろと言われたら、自分ですぐに取りかかるもの」[8]が期待されている。

フィールドは毎年変わるが、行政あるは交通事業者などの了解を得てフィールドとしているので、様々なデータなどの提供も受けることができる。また、最終の提案については、フィールドを提供した主体に対しても報告することにしている。この結果、例えば、2008年度のフィールドであった京都市にある京福電鉄嵐山線では、再生塾で提案をした駅前放置自転車対策、帷子ノ辻駅における構内踏切の新設など複数の提案が実施されている。また、2013年度の「にしきた商店街」(西宮市)では、アドバンスドコース終了後も地元商店街との交流が続き、ここでも歩行空間の拡大などの提案が2015年4月に実現することになった。

アドバンスドコースの研修会の開催は8～12月の間の月に一度であるが、実際には各チームに提供されるメーリングリストを活用して、毎日のように塾生間での意見交換が行われている。したがって月に一度の研修会は、これまでの意見をまとめて発表資料を作成することに時間が使われる。

ある月の研修会で塾生に提示されるグループワークの進め方を図4-1に提示する。

こうした再生塾の活動や成果は、先に述べたフィールド提供主体への報告や国土交通省近畿運輸局の研修の場での発表、あるいは学会での発表など対外的な発表の機会を得ることで、成果の交流や厳しい評価などを得ることになる。対外的な発表の場を設けることは、塾生にとって経験を深める場となり、再生塾としては教育システムのあり方を評価するとともに、新たな塾生の参加の機会提供としても意義があると考えている。

なお、こうした多様な活動を継続し発展させていくためには、しっかりとした事務局の存在が不可欠である。再生塾では株式会社交通システム研究所の大藤武彦氏、一般社団法人システム科学研究所の東徹氏の2人が毎回の研修会の開催における資料準備や塾生への対応など煩雑で雑多な仕事を受け持っていただいている。

再生塾と同様の活動は、九州における「Qサポネット - 地域と交通をサポートするネットワーク in Kyushu」[9]などの活動があり、再生塾としても全国各地における同様の活動について支援をしていきたいと考えている。

> ■ グループワークの内容
>
> **チーム別討議**
> はじめに
> 　　進行係、書記係、時計係、発表者、質問係など役割の決定
> (1) 現状認識と課題設定
> 　・これまでの現地調査の結果を踏まえて、どのような視点で問題意識を形成したのか？
> 　・問題に対しての課題抽出
> 　・抽出した課題のうち、今回取り組むことにしたテーマは？
> (2) 課題への対応方策と取組計画の検討
> 　・課題への対応：(目指すべき姿)、目標？
> 　・取組計画：目指すべき方向へのアプローチは？
> 　・取組みのスケジュール
>
> **全体発表**
> (1) 現地調査報告
> 　・現地調査の報告：何を見てきたのか
> 　・データ収集整理：現況データ等収集整理した内容
> 　以上を5分以内でPPTにまとめて報告
> (2) チーム別討議の(1)と(2)について
> 　・それぞれ発表10分、質問5分、合計15分間の持ち時間でPPTによる発表と質疑

図4-1　アドバンスドコースにおけるグループワークの進め方の例

人材育成の今後

　交通まちづくりを進めるためには、これを担う人材育成を行うことが極めて重要である。人材育成は行政、大学、NPOなど様々なセクターが担っている。それぞれのセクターの門を叩く人たちは自身の所属や職種、状況によって異なっている。ということは、各セクターにはそれぞれにふさわしい役割があり、相互に補い合うことで、幅広く人材を育成しているのが現状であると考えられる。

　ただ、行政による人材育成は、基本的に行政担当者が対象となることと、研修を実施する担当者の異動などがあるとその内容に大きな変化が生じる可能性がある。

　大学における人材育成も、全国の主要な大学で実施されているほど広がっているわけではないことと、全体の予算が削減傾向にある状況での取り組みであり、継続していくためには様々な工夫が必要となっている。そして、NPOなどの人材育成の場合は、継続した活動をするために事務局の負担が大きなことと、活動を担うメンバーの世代交代などの課題があるものと考えられる。

これらの課題については、人材育成に取り組むことを通して各セクター間での情報交換などを行い、課題の相互認識と、その対応を含む協力関係を見いだすことが期待されている。

[出典・参考文献]
[1] 原田昇：本書、第Ⅰ部
[2] 伊藤雅春・小林郁雄・澤田雅治・野澤千絵・真野洋介・山本俊哉編著：『都市計画とまちづくりがわかる本』、彰国社、2011 年
[3] これについては上記、小林氏との議論の中で出てきた点である。
[4] 東大まちづくり大学院 Web ページ
[5] 京都大学大学院工学研究科交通政策研究ユニット Web ページ
[6] 国土交通大学校 Web ページ
[7] 全国市町村国際文化研修所 Web ページ
[8] 2011 年の発表会における再生塾理事・中川大京都大学教授の発言。
[9] Q サポネット Facebook

第III部
交通まちづくりの実践

1. 金沢市：条例制定によるまちづくりの継承

金沢市の概要と都市戦略
(1) 成り立ちと特徴

　金沢市は、1583（天正11）年に前田利家が金沢に入城して以降、江戸時代に築かれた城下町を都市の礎としている。明治時代に入り、国による軍事拠点化に伴い、第九師団司令部の設置や北陸本線の敷設（1898（明治31）年金沢駅の設置）が進められ、市街電車の敷設など、その後の都市構造に大きな影響を与える事業が進められた。1960年頃までは、幕末期に形成されていた市街地範囲とほぼ同一のコンパクトな構造を維持しているが、戦後の本格的な復興期を迎え、区画整理事業の展開等により、約50年の間に市街地は大きく拡大し、現在は、人口約46万人を有する日本海側の中枢基幹都市となっている。

　金沢市の成り立ちにおいて特筆すべき事項として、江戸期以降現在に至るまで大きな災害や戦災を被らなかったことが挙げられる。その結果、まちなかにおいては、城下町に由来する町割り（図1-1）をはじめとする多くの歴史的な要素を今に伝え、伝統芸能や工芸などのソフト的要素と合わせ歴史的な都市の基盤をなしている。戦災にあわなかったことは、観光資源など多くの財産を生んでいるが、お城を中心とした放射状の道路構造となっており、その多くが狭小であることから、その後のモータリゼーションの進展の中、慢性的な渋滞を生むなど、都市の近代化を進める上で大きな課題となってきた。

　このように、金沢の都市計画は、これまでもそして将来においても、「保全と開発」のバランスをいかに取るかの戦いということができる。

(2) 都市戦略の変遷

　金沢市の都市構想は、「金沢市60万人都市構想（1970〜83年度）」に始まる。同構想では、高度経済成長を背景に当時の人口（約36万人）を大幅に増大させる基盤整備や産業の発展など多くのビジョンを打ち出しているが、非戦災都市であることも働き、想定したようには進まなかった。その後、国際的文化産業都市などを目指した「21世紀"金沢の未来像"（1984〜95年度）」を経て、金沢固有の貴重な個性の維持・発展など歴史性を強

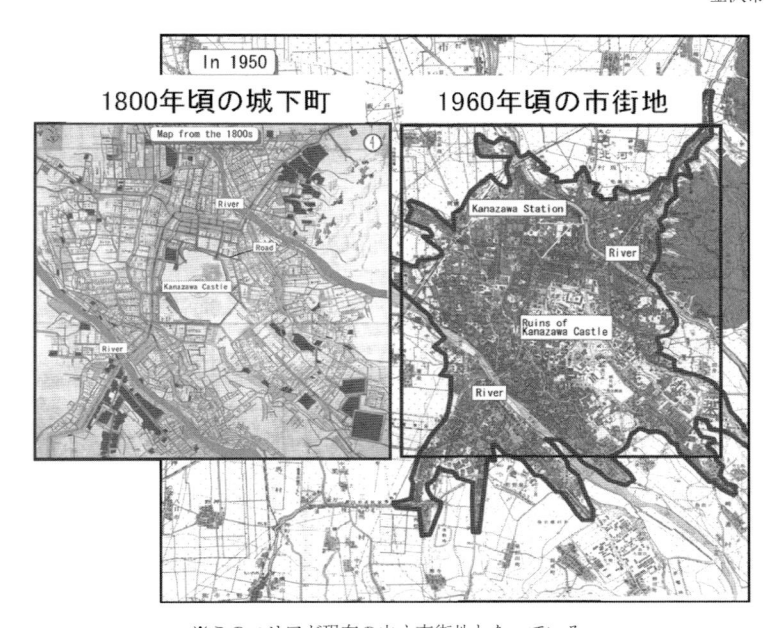

※このエリアが現在の中心市街地となっている。
図 1-1　城下町を基盤とした市街地［作成：金沢市都市計画課］

く打ち出す「金沢世界都市構想（1996～2012年度）」が策定され、現在の金沢の基盤が形成された。2013年度からは、これまで築き上げた基盤のもと、人・モノ・情報の集積と発信によりさらなる発展を目指す、「世界の交流拠点都市金沢」によるまちづくりを進めている。

　近代化の流れの中で、大きな課題であった、都市個性の源である歴史的要素や自然環境の保全について、金沢市では、1968年に全国初の自治体による保存系の独自条例である「金沢市伝統環境保存条例」を策定し、1989年に「景観条例[注1]」にステップアップしている。「景観条例」では開発と保全をゾーニング手法で位置づけている。この考え方は、上位計画である都市構想をはじめ、その後のまちづくりに関する構想・計画・施策における基本的思想として受け継がれており、都市構造の根幹が景観を通した議論により構築されていること自体が、金沢市が歴史的都市である大きな特徴とみることもできる。

注1）「金沢市における伝統環境の保存及び美しい景観の形成に関する条例」。

独自条例を柱とするまちづくり戦略の展開
(1) 独自条例の導入状況

　金沢市では、まちづくりを進めるために独自条例の制定を進めており、2014年4月現在で、計29のまちづくり関連条例（**表1-1**）が制定され、その内容は、景観、土地利用、交通、コミュニティなど、まちづくりに関するほぼすべての課題に対応している。

表1-1　金沢市におけるまちづくり関連条例の制定年度順一覧（29条例）

年度	条例名（略称）	主な目的
1970	風致地区条例	景観保全、環境保全
1977	伝建条例	景観保全、まちなみ保存
1989	景観条例（1968年制定の伝環条例の改良版）	土地利用・建築コントロール、景観保全、まちなみ保存、中心部活性化
1992	駅西地区街なみ形成条例	新市街地整備
1994	こまちなみ保存条例	まちなみ保存、景観保全
1995	屋外広告物条例	景観保全
1996	用水保全条例	用水保全、景観保全、環境保全
1997	斜面緑地保全条例	緑地保全、景観保全、環境保全
2000	まちづくり条例（市民参画条例、土地利用適正化条例）	土地利用コントロール、住民まちづくり支援
2001	緑のまちづくり条例	緑地保全、景観保全、環境保全
	まちなか定住促進条例	定住促進、中心部活性化
	商業環境形成まちづくり条例	土地利用コントロール、中心部活性化
2002	寺社風景保全条例	景観保全、環境保全
2003	歩けるまちづくり推進条例	交通（歩行）環境保全、住民まちづくり支援
	防災都市整備条例	防災推進、住民まちづくり支援
2004	地区計画建築条例	土地利用・建築コントロール
	旧町名復活推進条例	住民まちづくり支援
2005	沿道景観形成条例	景観保全
	夜間景観形成条例	景観保全
2006	コミュニティ空間条例	環境保全、住民まちづくり支援
	駐車場適正配置条例	交通環境向上、土地利用コントロール
2007	公共交通利用促進条例	交通環境向上
	ラブホテル建築規制条例	生活環境保全
2008	集合住宅コミュニティ条例	住民まちづくり支援
	地下水保全条例	環境保全、防災推進
2009	総合治水対策の推進条例	防災推進
2010	学生のまち推進条例	住民まちづくり支援、中心部活性化
2012	ぽい捨て等防止条例	環境保全
2013	金澤町家保全活用条例	金澤町家保全、景観保全、環境保全

　独自条例を柱に据える背景としては、非戦災都市であるため金沢には固有の課題が多く、全国一律を基本とする法制度では対応が困難であり、オーダーメイドの仕組みが求められていたことが挙げられる。金沢市では、独自条例をまちづくり推進の手法とする上で、以下の効果を意識している。

・内外への周知とアピール

　条例は、自治体にとって最もオフィシャルな手法であり、各種規制や約束事を市民および全国の事業者等に周知するために最適の手法といえる。

・施策展開に法的根拠を付与

　事業展開において、公費を投入する場合、法的根拠を明確にすることは説明責任を果たす上でも重要であり、条例は最も直接的な根拠づけといえる。

・行政能力の向上

　独自条例は、課題の把握から制度構築、事業の実施と効果の確認など、すべての行程を自治体自らが行う必要があり、総合的な行政能力の向上につながる。

・議会を通した合意形成

　現行制度では、まちづくりに関連して議会の関与が深いとはいえないことから、条例制定を通して市民の代表である議会の関与を確保する。

　独自条例は、1999年に地方分権一括法が制定され、まちづくり行政が機関委任事務から自治事務に位置づけられたことが普及する契機となったもので、金沢市でもこれ以降、土地利用コントロールに関する独自条例を制定するなど展開の幅が広がっている。長年にわたりこの手法を推進してきた結果、金沢市の職員は、新たなまちづくり施策に着手する段階から、常に独自条例の制定を意識して仕事を進めている。

(2)　トップダウンとボトムアップ

　独自条例では、法律に対して上乗せ規制を盛り込むケースも多く、規制対象者との間で訴訟になることもあり、この結果を危惧して制定を躊躇する自治体は少なくない。そのため、独自条例を用いるか否かにおいて、首長の意向が大きく影響すると言わざるを得ず、金沢市においては、市長が確固たる信念を持ってまちづくりを進めてきた結果としてこの手法が定着したといえる。

　金沢市の独自条例のもう1つの特徴として、市長と住民が約束事を結び連携して実現を目指す協定方式が多用されていることが挙げられる。まちづくりの主役は住民であり、施策の展開においていかに多くの人々の理解と協力を得ていくかが鍵を握ることから、採り入れられた手法である。協定方式は、具体的な取り組み内容や規制内容について、対象となる地区住民との膝詰めの検討、調整を通して決められるもので、この段階で十分な

住民参加が確保されている。なお、多様な土地利用規制を含むまちづくり条例に基づく協定においては、地区計画同等の権利者同意を義務づけ実効性を高めている。このように自ら具体的なルールを作ることで、まちづくりに対する意識も高まり、現在、協定の締結を機に地元のまちづくり団体が組織され、具体的な取り組みが進められている。

このように金沢市のまちづくりは、トップダウンでまちづくりの大きな方向性が示され、独自条例による仕組みを通して、住民自らがまちづくりを推進するボトムアップにより支えられている。また、市長が示す方向性は、条例という形で提示されることから、議決を通して議会が是非を判断するというチェック機能が働いていることも重要な仕組みといえる。

交通まちづくりビジョン

金沢市では、1960年頃には都心部の渋滞は喫緊の課題であったが、非戦災都市であるがゆえに道路整備が間に合わないことは、市と県警の共通認識となっていた。1965年頃に、この状況に対応すべく一人乗りマイカー規制論議[注2]が行われ、これを契機に少しでも渋滞を緩和するために多くのモビリティ・マネジメント施策（**表1-2**）が展開され今につながっている。

1999年に、オムニバスタウンの指定を受け、コミュニティバスとして金沢ふらっとバスの導入や運行情報の提供など、バスを活用した公共交通の充実を図るとともに、2001年に、①環境負荷、②安全・安心、③まちの魅力、④円滑で快適を4つの目標とする「新金沢市総合交通計画（目標年次2010年）」を策定し、交通政策とまちづくりを一体的に進める方針を打ち出している。その後、2005年に北陸新幹線が着工されたことを受け、2007年に、新幹線の金沢開業を見据え、より具体的な交通施策を提示した行動計画として「新金沢交通戦略[注3]」を策定し、歩行者と公共交通を優先した交通まちづくりの推進を明確に打ち出している。

新金沢交通戦略（2015年度改定予定）
(1) 4つのゾーンとゾーン間の連携

交通戦略では、市内の土地利用、人口分布の特性に配慮し、交通環境の違いに基づき以下の4つのゾーン（**図1-2**）に区分した上で、必要な施策を設定している。

　・まちなかゾーン（歩行者・公共交通優先ゾーン）

注2）　当時の認識では、この先進的な発想は受け入れられず実現しなかった。
注3）　国土交通省が進める「都市・地域総合交通戦略」とは別に金沢市が独自に策定。

表 1-2　モビリティ・マネジメント施策の導入概要 [1]

年度	施策概要
1978	バス優先信号設置（4 交差点）
1984	バス近接表示システムの導入（全国で 3 番目）
1986	夕方のバス専用レーン導入（2 区間，$L=2530$m）
1989	観光パーク＆ライドの本格実施
1991	マイカー通勤自粛運動開始
1994	リバーシブルレーンの本格実施（$L=550$m）
1995	時差出勤推進の取り組み開始
1996	K.Park（通勤時パーク＆ライド）の本格実施
1999	オムニバスタウンの指定（全国で 2 番目）
	金沢ふらっとバス「此花ルート」運行開始
2000	PTPS 導入（ふらっとバスに導入）
	金沢ふらっとバス「菊川ルート」運行開始
2001	バスく〜る（PC・携帯によるバス運行情報提供）
2002	PTPS 本格導入（都心軸 2.5km に設置）
2003	歩けるまちづくり条例の制定
	金沢ふらっとバス「材木ルート」運行開始
2004	駐車場案内システムの運用開始
	交通 IC カード（ICa）導入
2006	バストリガー方式の導入
	金沢市駐車場適正配置条例の制定
2007	金沢エコポイント運用開始（約 500 店舗が参加）
	新金沢交通戦略の策定
	金沢市公共交通利用促進条例の制定
2008	金沢ふらっとバス「長町ルート」運行開始
2011	駐車場管理者連絡会による混雑時誘導を開始
2012	都心軸に休日バス専用レーン導入
	金沢駅前にバスターミナル進入専用車線導入

　マイカーがなくても移動可能な公共交通利便性を確保するとともに、歩けるまちづくりを推進する。
・内・中環状ゾーン（公共交通利便ゾーン）
　公共交通の利便性が比較的高いことを受け、まちなかゾーンへの移動は公共交通の利用を原則とし、将来的には、マイカーがなくても移動可能な水準の公共交通の確保を目指す。
・外環状ゾーン（公共交通とマイカーの共存ゾーン）
　まちなかゾーンへの移動はパークアンドライド駐車場を介して公共交通利用を基本とするなど、公共交通とマイカーの両方の利用を前提にしつつ、重要路線にアクセスするための公共交通確保を図る。
・郊外ゾーン（住民参加も得ながら適正規模の移動手段の維持・確保を図るゾーン）
　外環状ゾーンの重要路線までの移動手段を確保し、住民主体の需要

に見合った移動手段の確保を支援する。

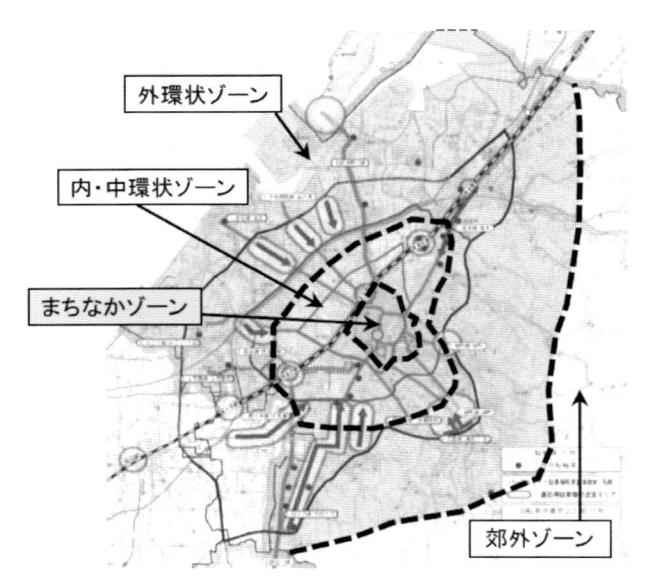

図 1-2　新金沢交通戦略の概念図[1]

　ほぼ同心円状に区切られたこれらのゾーン相互に、人の移動と都市活動の連携を確保するために、放射状に公共交通重要路線を位置づけ、計画では時間帯別に利便性の目標水準を設定している。併せて、この重要路線沿いを主に、自動車と公共交通をつなげるパークアンドライド駐車場を配置していく基本的方針を打ち出している。

(2)　公共交通利用促進条例の制定

　金沢市では、2007 年 3 月の交通戦略策定と同時に、「公共交通利用促進条例[注4]」を制定し、計画の実現に取り組んでいる。条例は、市、市民、事業者、交通事業者それぞれの責務を位置づけるとともに、交通戦略の重要なパーツとなる公共交通重要路線やパークアンドライドの利用促進、ならびに交通不便地域における地域交通計画なども基本的な施策として位置づけている。また、公共交通の利用促進は、市民や事業者などの利用者とともに、協働して推進することにより実現を目指すことも明記している。これは、公共交通政策が行政や交通事業者だけでは実効性のあるものとは

注 4)　「金沢市における公共交通の利用の促進に関する条例」。

なり得ず、市民の意識の向上を含めて総合的なまちづくりとして取り組む必要があるとの考え方に根ざしている。

　市交通局を有していない金沢市においては、公共交通に関する主要な具体策は交通事業者などが実施する取り組みが柱とならざるを得ない。2013年に交通政策基本法が成立したが、公共交通に対する公共の責務や支援のあり方に対する考え方は明確になってはおらず、今後避けては通れない課題といえ、金沢市も同様の状況にある。本条例は、宣言条例的な側面も有しているが、交通まちづくりとしての必要性を打ち出した上で、「予算の範囲内において財政的な援助をすることができる」としていることは、現在の公共交通対策費支出の法的根拠となるとともに、将来の財政支出に対する法的根拠ともなり得るものである。

(3)　第4回パーソントリップ調査と交通戦略

　金沢都市圏では、2007～2008年に第4回のPT調査を実施している[注5]。この調査を実施した目的は、人口減少・高齢化の進展、新幹線開業などの社会的背景の変化のもと、交通戦略で立てた公共交通主体の交通政策を検証することといえる。この結果、以下の5つの施策目標が提案され、いずれも基本的に交通戦略による取り組みと整合が取れていることが確認されている。

＜交通の目標と施策＞
　・交通環境改善のための公共交通体系の強化
　・中心部における交通環境の改善
　・高齢者における安全・快適な交通手段の確保
　・新幹線開業に対応した交通機能の整備・充実
　・ニーズに対応した効率的な道路整備[注6]

金沢市における特色ある交通まちづくり
(1)　歩けるまちづくりの推進

　金沢市では、生活道路等における歩行環境整備と回遊性の向上を市民との協働により推進することを基本理念として、2003年に「歩けるまちづ

注5）　通常居住者をランダムに抽出して所定の調査対象数を確保することに対して、必要経費の軽減を図るため、商工会議所等の協力を得て事業所を介して調査する「事業所調査票配布・回収方式」を導入している。
注6）　既決都市計画道路（2014年4月幹線道路整備率：85％）以外に必要とされた経路はない。

くり条例[注7]」を制定している。これは、「安全・快適に歩く」ことをテーマにまちづくりを進める仕組みであり、地元が歩けるまちづくり団体を組織し、地区の構想を練り、市長と「歩けるまちづくり協定」を締結し、協働してその実現を目指している。6地区（商店街2地区、歴史的エリア2地区、一般住宅地2地区）で協定を締結し、各種施策が展開されている。

具体的な取り組み事例として、竪町商店街では、交通規制を見直し、一般的な開店時間を対象に歩行者専用化を導入し、安心して買い物を楽しんでもらえる空間を実現している（写真1-1）。また、歴史的エリアである長町地区では、過度な通過交通が入り込んでいた生活幹線の一部を、時間制の許可車以外通行禁止にすることにより通行量を軽減し、安全・安心な歩行空間を実現しており、定着までの期間、地元住民にも周知活動に参加してもらうなど、住民、警察、市が協働して取り組みを進めている。その他、通勤時間帯に一方通行を導入するなど、住民とともに対策を検討し、具体的な取り組みにつなげている。

写真 1-1　竪町商店街の歩行者専用化の状況 [1]

(2) バストリガー方式の導入

自動車社会が定着した地方都市では、絶対的な利便性において公共交通がマイカーを上回ることは難しい。このような現状の中、公共交通の利用促進を進める場合、利用者の意識を高め、協力を確保できるかが結果を大きく左右する。

金沢市では、学生にとって安くて使いやすいバスの実現を望んでいた金沢大学と、収益確保を念頭に置くバス事業者・北陸鉄道を仲介して、バストリガー協定を締結しwin-winの改善を図る取り組みを進めた。これは、

注7)「金沢市における歩けるまちづくりの推進に関する条例」。

北鉄は 100 円という安価な運賃を提供し、金沢大学は収益を確保できる利用者増加に取り組む一方、毎年の利用者目標を設定し、それが実現できなければ元に戻すという仕組みであり、利用者が自らの努力により高水準の利便性を確保するものである。5 年間の試行の後、増便等の経費の問題に対応するため、毎日使えば実質 100 円となる特別割引定期制に変更し、その後 3 年間の試行を経て安定して目標値が達成されたことを受け、2014 年度からは協定方式から本格実施にステップアップしている。

なお、金沢大学での成果を受けて、金沢市では、交通戦略の見直しの中で、利用者の協力を得て利用環境を改善する地域版バストリガー方式の導入に関する研究を行うこととしている。

(3) まちなか駐車場の適正配置の推進

金沢市に限らず全国の地方都市では、自動車社会の進展と中心市街地の空洞化が進んだ結果、まちなかに駐車場が増加し、大きな問題となっている[2]。金沢市では、この「とりあえず駐車場」とも呼ぶべき動向がまちづくりの足枷になっていると危機感を持ち、2006 年に「駐車場適正配置条例[注8]」を制定した。これにより、まちなかを対象に駐車場の設置届け出制を導入するなどの独自の取り組みを進めているが、特に問題となる平面駐車場自体が建築基準法や都市計画法の対象外であることや、個人の権利の制限など多くの課題があり、解決に向けた道筋はまだ見えず、長期的な視点に立って取り組みを進める予定である。また、近年になりようやく法的な対応もみられるようになってはいるが、引き続き国と地方が一体となって検討を重ねていく必要がある。

これからの交通まちづくりの推進

拡大を基調とする都市化社会から、既存施設の活用・充実を目指す都市型社会に、まちづくりのベクトルが大きく変化した現在、将来の都市像を描き、その実現を図る上で、土地利用と都市活動を一体的に制御する必要があり、そのつなぎとなる「交通」の役割は重要性を増している。特に、コンパクトな都市構造を目指す上で、交通と土地利用を一体的に捉えてまちづくりを進める手法は、その必要性を確実に高めるとともに、的確な縮退や既存の都市基盤を活用したまちづくりを誘導するための数少ない手法であるということもできる。

非戦災都市である金沢市では、まちづくりに「保全」を融合させること

注8)「金沢市における駐車場の適正な配置に関する条例」。

が大切な命題であったことから、ソフト的な手法を積極的に導入するなど街を壊さずに円滑な移動の確保を図ってきた。今後は、立地適正化計画を通して交通政策と土地利用政策の一体性を高めるとともに、更なる公共交通と歩行者を優先した交通まちづくりを推進していく予定である。

[出典・参考文献]
[1] 金沢市：「新金沢交通戦略〜4つのゾーン別施策とゾーン間の連携〜」、2007年
[2] 木谷弘司：「駐車場を通して見た中心市街地再生の課題と戦略」、川上光彦編著『地方都市の再生戦略』、学芸出版社、pp.96-107、2013年

Column-5　自転車と交通まちづくり

「自転車を活用したまちづくり」、都市交通手段として自転車を活用する多様な試みが進んでいる。

交通まちづくりへの自転車の寄与

環境、健康、経済的、公平性、自由度、などが自転車のメリットとされる。特に健康面のメリットは世界的にも着目されている。自転車通勤者の成人病などの発病率の低下が実証され、"アクティブ・モビリティ（活動的交通手段）"と呼ばれ、医療・健康面での都市戦略としても促進政策が掲げられるようになっている。また、公平性では、自転車を利用できない層は日本では少なく、公共交通不便地域では、クルマを運転できなくなった高齢者の手段として現実に利用されている。

都市交通手段としての自転車

日本の自転車利用率は世界的にみて高い。2010年、自宅外通勤通学者5,942万人のうち、933万人（約16%）が自転車を使っている（国勢調査）。通勤通学以外も含む全国PT調査では三大都市圏14.5%、地方都市圏13.8%である。世界の多くの都市が躍起になって利用促進を図っているが、これらの国の中でも高い利用率である。ただし日本では、特に女性、地方都市圏での利用率の減少が見られる（図1）。女性の軽乗用車等の普及による私事目的の交通での自転車離れが主たる原因とされる。一方で、三大都市圏の男性の利用率が伸びている。健康志向の通勤・レクリエーションでの利用の増加が原因である。

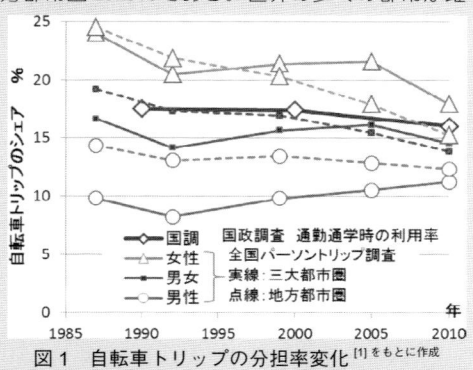

図1　自転車トリップの分担率変化 [1]をもとに作成

シェア・サイクル：個別公共交通としての自転車活用

フランスで成功したシェア・サイクル（共用自転車）システムは、自転車を活用した交通まちづくりに大きな躍進をもたらした（写真1）。無人化された終日貸出返却機（ポート）の開発とクレジットカードによる利用者認証方式によって、都市内に多数のポートと自転車を設置し、短時間利用を無料にするという新しいモデルが開発され、瞬く間に利用者を獲得し、世界中に普及している。2010年時点において33カ国375都市で実施され、自転車総数は25万台とされる。屋外広告で運営費を捻出するコンセッション方式でも注目を集めたが、統一デザインの自転車が並ぶ風景は、暮らしやすいまちのイメージ創出ツールとしても衆目を集め、また、公共的な都市内移動手段としても重要な地位を確保しつつある。

写真1　シェア・サイクル
（仏ツールーズ）［著者撮影］

写真2　高松市レンタサイクルシステム
［高松市資料より］

　日本でも複数の貸出返却所を持つコミュニティサイクルが2014年11月時点において72都市で導入されている。自転車保有率が高くコンセッション方式が成立しにくい、公共交通としての位置づけが曖昧などの理由で、海外に比べ小規模で利用率が低い事例が多いとされる。その中で、観光志向で自転車利用の回転率が高い金沢市「まちのり」、通勤通学志向で多数の利用者を誇る高松市のレンタサイクルシステム（**写真2**）などが、注目されている。

自転車交通まちづくりの課題

　自転車活用の日本の最大の課題は、安全で快適な走行空間の不足とされる。ただし、歩道通行で対歩行者の強者として振る舞う自転車は市民から尊敬を受けない交通手段に貶められ、一方で自転車の双方向通行が常態化したことも事故の危険性の原因となっている。このため、日本では2012年11月に発出された「自転車通行環境創出ガイドライン」で、自転車の車道左側通行への誘導を基本として、自転車レーン、ピクトサインによる空間整備施策が提案されている。細街路で左側通行を徹底する金沢市や京都市（**写真3**）の取り組みも、実行性と事故低減効果のある手法として注目されている。

写真3　細街路の自転車指導帯（京都市）
［写真提供：吉田長裕氏（大阪市立大学）］

［出典・参考文献］
[1] 平田晋一・森尾淳・川村俊：「自転車交通の経年変化に関する基礎分析」、土木計画学研究・講演集、Vol.50、2014年
[2] 青木英明・髙見淳史・大森宣暁：「自転車共同利用の事業規模とサービスの世界的な拡大について」、交通工学、Vol.47、No.4、2012年

［執筆：山中英生］

2. 宇都宮市：ネットワーク型コンパクトシティ

ネットワーク型コンパクトシティを目指す宇都宮

宇都宮市では2008年に第5次総合計画を策定し、将来の都市像として「ネットワーク型コンパクトシティ」を掲げた（図2-1）。総合計画の都市空間形成の基本方針に、以下のような文言が明記された。
「土地利用の適正化と拠点化の促進により、都市のコンパクト化（集約化）を図るとともに、拠点間における機能連携・補完、他圏域との広域的連携のための軸を形成・強化するなど、『ネットワーク化』（連携）を促進し、これからの人口規模・構造や都市活動に見合った都市の姿である『ネットワーク型コンパクトシティ（連携・集約型都市）』の形成を目指します」

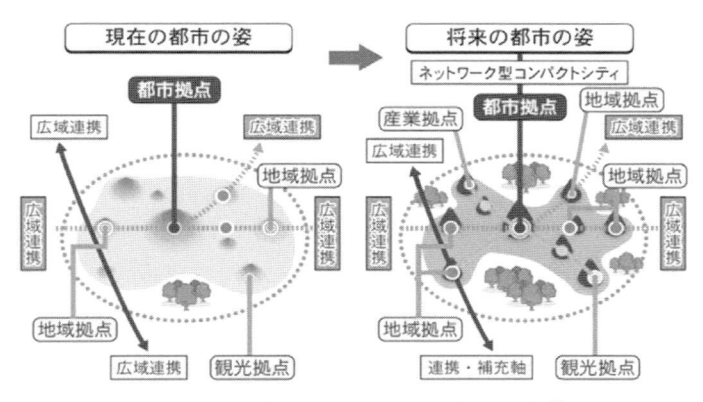

図2-1 第5次宇都宮市総合計画（2008年）[1]

総合計画を策定した翌年（2009年）には、第2次宇都宮市都市計画マスタープラン（図2-2）の全体構想を策定し、ネットワーク型コンパクトシティを、具体的な都市空間の中に明示した。また、先導的施策として公共交通ネットワーク整備を挙げ、東西基幹公共交通軸（LRT等）を大きな柱の1つとした。これは宇都宮市の公共交通は、南北軸ではJRや東武鉄道といった輸送力の高い公共交通機関があるが、東西軸には不足しているため、その拡充が市域全体の発展に不可欠であると判断したからである。

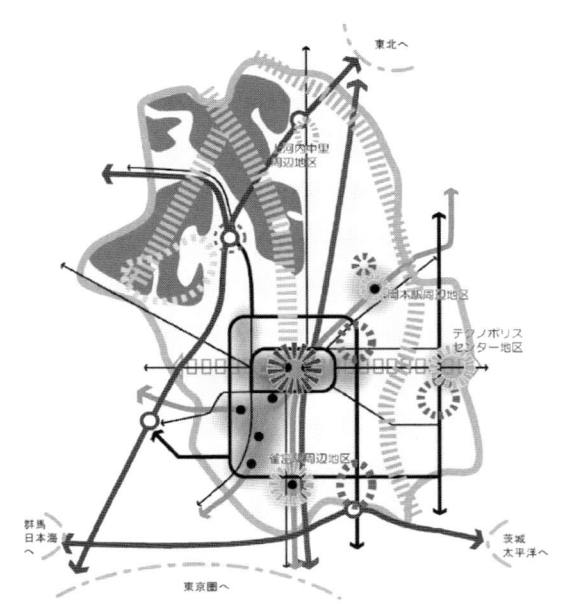

図 2-2　第 2 次宇都宮市都市計画マスタープラン（2009 年）[2]

宇都宮における LRT 導入計画

　宇都宮市において LRT が初めて公的に議論されたのは、1993 年の新交通システム研究会までさかのぼる。最初は、宇都宮市の東部地区に集中する工業団地の激しい渋滞を緩和するための交通手段として着目された。その後、中心市街地の衰退が問題視されるようになると、当初計画（駅東側 12km）を中心市街地まで延伸する計画（駅西側 3km）が浮上し、まちなかの活性化が大きな課題の 1 つとなった。そして、人口減少社会への対応が急務となった今、総合計画でコンパクトシティの実現が目的として掲げられ、都市構造の東西軸を担う基幹公共交通として LRT が位置づけられた。つまり、社会的な時代背景の変化とともに、LRT の位置づけは問題解決型から、将来ビジョンを実現するための目標設定型に変化してきたといえる（図 2-3）。

　LRT の具体的な役割については、宇都宮市全体の公共交通網の再構築が提案された「宇都宮都市交通戦略」（2009 年）の中に明示されている。基本的なコンセプトは、都心と郊外を連結する幹線系（LRT や幹線バス）と、交通空白地域を含めて郊外部で広くエリアサービスする支線系（コミュニティバス、デマンドバス）が連携することで、市域全体に公共交通サービスを確保することにある（図 2-4）。

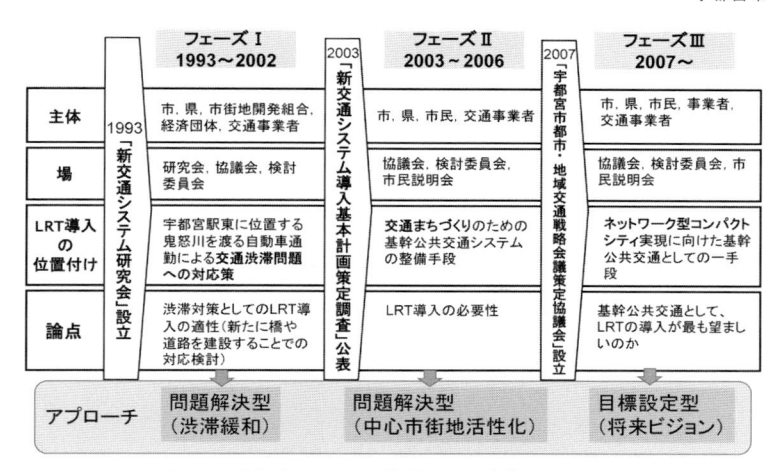

図2-3　宇都宮のLRTの位置づけの変化［著者作成］

　地域内交通の整備は、2008年の鬼怒川左岸の清原地区で「さきがけ号」の運行開始を皮切りに、2013年現在で郊外部9地区に導入されている。また、LRT整備については、2013年に宇都宮市と芳賀町、県や国、交通事業者、有識者らによる「芳賀・宇都宮基幹公共交通検討委員会」が設立され、2019年開業を目標に事業採算性など具体的な議論が進められている。

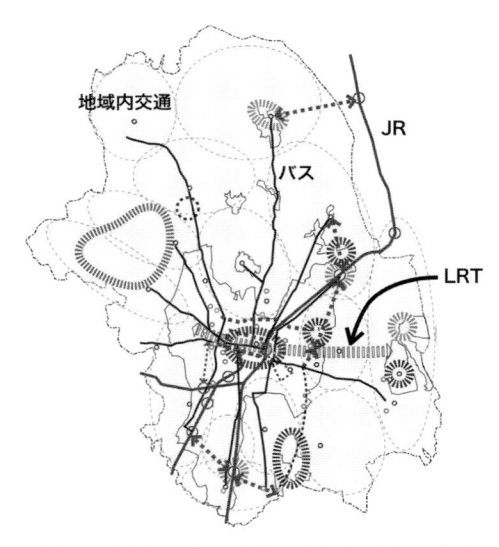

図2-4　都市交通戦略の公共交通ネットワーク[3]

自転車ネットワークの構築

　都市交通戦略（2009年）では、自転車道の整備も重点施策事業と位置づけている。特に、自転車の通行量の多い路線を自転車ネットワーク路線として、自転車の走行環境改善のための道路改良、白線引き、カラー舗装化等により通行空間を確保するなど、継続的に整備を行った。宇都宮市の自転車ネットワークの特徴は、自転車走行通行帯を青色に舗装することで、自転車走行位置を明示し、その整備延長を短期間に飛躍的に延ばしたことにある。整備延長は2013年末で16.9kmに及ぶ（図2-5）。

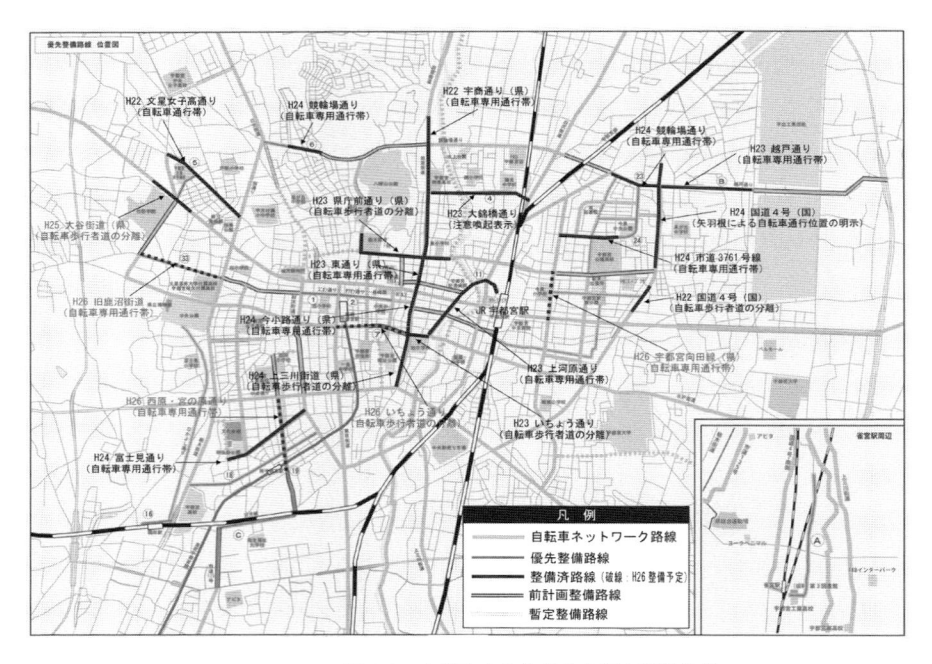

図2-5　宇都宮市の自転車走行空間整備 [4]

　整備した自転車通行空間の検証は、「宇都宮市道路見える化計画」（2008年）の評価の中でも毎年実施され、ホームページやパンフレット等で広く市民に公開されている。このように道路整備と一体となって、自転車環境整備を計画的、効率的に推進するとともに、市民にわかりやすいみちづくりを目指している。整備区間の一例を写真2-1に示す。
　また、宇都宮はアジア初の世界選手権自転車競技大会ロードレースの開催地としても有名で、2008年に自転車ロードレースのプロチームとして「宇都宮ブリッツェン」が発足した。2010年の「宇都宮市自転車のまち推

写真 2-1　自転車専用通行帯（白楊高通り：1,000m）の整備前後 [5]

進計画」の策定懇談会に学識経験者、国・県の関係課や交通管理者に加えて、自転車ロードレースのプロレーサーが委員として参画した。また、2012年に発足した「宇都宮市自転車のまち推進協議会」においても同様に、宇都宮ブリッツェンの協力を得ている。このような取り組みは、JR 宇都宮駅前に設置された「宮サイクルステーション」におけるプロチームとの連携やスポーツバイクの貸し出しなど、自転車の街に向けて多様な展開を促している。

加えて、2010 年から毎年市内の目抜き通りである大通りを通行止めにして、市内周回レース「ジャパンカップ・クリテリウム」を開催するなど、市民や国内外の多くの来訪者を巻き込んで「自転車の街」として盛り上がりを見せている。

市民と協働のまちづくり

中心市街地の活性化を目指し、公共と民間が一体となった組織として、1999 年に「宇都宮まちづくり推進機構」が設立された。宇都宮市からの出向職員を事務局として、商工会議所、商店街連盟など各種団体をはじめ企業、大学、個人など幅広い会員で構成され、2009 年には特定非営利活動法人となっている。

交通まちづくりに関しての主な取り組みとしては、都心循環バスの導入検討（2000 年）、大通り等の将来イメージの画像化（2003 年）、宮サイクルステーションの運営（2010 年）などが挙げられる。

特に将来イメージの画像化では、宇都宮大学との継続的な共同研究を通して、市民にとってなじみの少ない LRT などを、わかりやすく可視化した PR 活動を続けている。作成した動画は、餃子祭りなどのイベント時に公開するとともに、アンケート等を通して市民意見の反映に努めている。また、ホームページや YouTube などの Web サイトでの情報提供も積極的に行っている（図 2-6）。

図 2-6　未来の宇都宮の CG 動画映像 [著者作成]

将来の宇都宮の都市財政の推計

　LRT を含めた都市交通戦略が功を奏して、ネットワーク型コンパクトシティが実現した場合、宇都宮市の都市財政はどうなるであろうか？　ここでは、道路や上下水道などの都市基盤施設や、保育所や小中学校などの都市拠点施設の維持管理費の将来推計結果を紹介する（図 2-7）。

　図 2-7 のシナリオのうち、趨勢型は現在の都市形態を 2035 年まで推移させた場合、都心居住型は宇都宮市の市街化調整区域の人口をすべて市街化区域へ集約させた場合、ネットワーク型は中心市街地を核としつつ、各地域のそれぞれに拠点を設けた場合である。

図 2-7　シナリオ別の将来の維持管理費 [6]

これを見ると、人口減少によって小中学校などの維持管理費が低下するため、全体的に減少傾向を示しているものの、趨勢型と比べて都心居住型やネットワーク型の維持管理費が大幅に削減されていることがわかる。

持続的な発展に向けて

持続可能な都市とは、市民に愛され、都市間競争において選択されるまちである。2009年に宇都宮ブランド戦略協議会を発足し、「100年先も誇れるまちを、みんなで」を合言葉に、宇都宮の魅力を発信していく取り組みを「宇都宮プライド」と名づけて推進している。また、宇都宮をひと言で表現するメッセージとして「住めば愉快だ宇都宮」を作成した。この言葉は、宇都宮の生活拠点としての豊かさや楽しさを表現している（図2-8）。

図2-8　宇都宮プライドロゴ[7]

まちづくりにおいて重要なことは、市民と将来の都市像を共有しながら、共に創り上げていくことにある。2015年2月に「ネットワーク型コンパクトシティ形成ビジョン」が策定された。この中で都市形成の考え方や将来都市構造のイメージを提示し、広く市民に理解を求めている。

形成ビジョンでは拠点化の推進として、多様な都市機能を集積した都市拠点（1カ所）や、生活機能を中心とした地域拠点（14カ所）などが示された。また、ネットワーク化の推進として、階層性を有し、拠点間を結節する公共交通ネットワークや、道路ネットワークの構築を図るとした。

一方で、コンパクト化施策に対する国の支援体制も拡充している。第Ⅱ部の第3章で紹介されている都市再生特別措置法等の一部改正では、市町村が都市計画区域内において「立地適正化計画」を作成し、その計画に従って住宅や医療・福祉、商業などを計画的に誘導するとしている。具体的には、居住を誘導すべき区域として、「居住誘導区域」を設定するとともに、病院や福祉施設、商業施設を誘導すべき区域として「都市機能誘導区域」を設けるとしている。今後、ネットワーク型コンパクトシティの形成に向けた支援制度として期待される（図2-9）。

持続可能な都市に向けた都市間競争は既に始まっており、多くの都市でその実現に向けたチャレンジが見られる。宇都宮が持続可能な都市構造へ転換するためには、官民学が一体となった永続的な取り組みが望まれる。

図 2-9　2030 年頃の未来の宇都宮市のイメージ［著者作成］

[出典・参考文献]
[1]　宇都宮市:「第 5 次宇都宮市総合計画」、2008 年
[2]　宇都宮市:「第 2 次宇都宮市都市計画マスタープラン」、2009 年
[3]　宇都宮市:「宇都宮都市交通戦略」、2009 年
[4]　宇都宮市自転車のまち推進協議会、2013 年会議資料
[5]　宇都宮市:「宇都宮市道路見える化計画（平成 21 年度推進パンフレット）」、2010 年
[6]　森本章倫:「都市のコンパクト化が財政及び環境に与える影響に関する研究」、都市計画論文集、Vol.46、No.3、pp.739-744、2011 年
[7]　宇都宮市 Web ページ

3. 熊本市：公共交通の再デザイン

熊本都市圏における公共交通の利用実態

　1965 年頃の最多期には 103.1 億人もあった全国のバス輸送人員は、2012 年度には 44.3 億人まで減少し、半分以下の 41.2％ となっている。

　熊本都市圏においても、バス輸送人員は、2010 年には 1975 年時の 3 割にまで減少した。この 10 年間でも約 3 割も減少している。その結果、収支率は約 7 割にまで落ち込み、熊本市からバス事業者への運行補助金は約 3 億円となった。そのほかに、一般会計から市交通局への繰出金が毎年数億円もあるために、市交通局だけでなく、市の財政そのものが危機的な状況になった。加えて、2003 年に県内有数の優良企業であった九州産交が産業再生機構の支援を受けたのを期に、熊本市は平成 28 年 4 月までに民間 3 社が共同出資した熊本都市バス株式会社に市営バス路線をすべて移譲すると表明するなど、熊本都市圏のバス輸送は大きな変革期を迎えた。一方で、市電と熊本電鉄、JR で構成される軌道系の利用者は、若干ではあるが増加傾向にある。

　2048 年には我が国の人口はついに 1 億人を切り、9,913 万人（国立社会保障・人口研究所推計）となり、2010 年比で 22.6％ 減、つまり 4 ～ 5 人に 1 人がいなくなると予測されている中、人口 73.3 万人（2010 年現在）の熊本市でも、2040 年には 65.9 万人となり、10 人に 1 人がいなくなる計算となる。このような人口減と高齢化が続くとき、公共交通サービスはどのように再生すればよいかという命題に先進的に取り組んだ熊本市の経験は、大いに参考になるであろう。

バス交通のあり方検討協議会から公共交通協議会へ

　熊本市では、バス輸送の望ましいサービス水準、およびバス事業の運行体制等のあり方の検討を行うことを目的に、2008 年 5 月に「熊本市におけるバス交通のあり方検討協議会」を設置し、2009 年 3 月には「熊本市地域公共交通総合連携計画」を策定した。協議会は計 12 回にわたるが、2009 年 5 月開催の第 5 回の協議会では、市営バス事業を民間事業者に全面移譲するとともに、バス事業を市民の生活交通を確保する重要な行政サービスの一環と位置づけ、行政は市民の一定のモビリティ水準の確保に責任を持

つために適切にバス運営に関与していくという内容の「熊本市におけるバス事業の運行体制に関する意見書」を中間答申案として市長に示した。

さらに、2010年4月開催の第8回の協議会では、「熊本市におけるバス事業再編に関する意見書」を最終答申として市長に示した。そこでは、①ゾーンバスシステムを基調とした都市圏全域のバス路線網の再編の方針と再編案、②公共交通機関相互の連携機能強化や自動車からバスへの転換促進など、25件にも及ぶバス利用促進のための具体的推進策とそのロードマップを示した。さらに、上記を着実に進めるためにも、③(a)熊本都市バス株式会社が中心となって運行計画を作成するとともに、運行のモニタリングを行うこと、(b)熊本市は、民間バス3事業者総意のもとに設立した熊本都市バス株式会社を、バス事業者間の連携協力体制のリーダーの役割を担い、それを支援していくことで市民の移動手段を確保する組織と位置づけている。さらに、④不採算路線や公共交通空白、不便地域でのバスサービスに積極的に関与すること、経営改善を志向できるような補助メカニズムを導入することなど、公共交通サービスの計画と運営に対して行政が積極的に関与するという方針を打ち出した。

2012年4月1日の政令指定都市への移行を期に、2011年1月の第9回以降、同協議会では行政区割りの都合で区役所へのアクセス利便性が悪い地域はもとより、公共交通が不便な地域の解消に向け、既存バス路線を延伸や迂回させるなど、既存路線の活用とそれを補完するコミュニティ路線の導入を検討し、最終的には6路線9系統が運行されることになった。

なお、上記の理念と施策を総称して「公共交通のグランドデザイン」と呼んでいる。

公共交通協議会の設立と3つの三位一体の議論

バス輸送事業の役割・責任は計画、運行、運営に分けることができる。これまでは、これらの役割を事業者がすべて担っていた。しかし、4年間にわたる協議会での議論の結果、バス路線網の再編といった計画だけでなく、事業そのものの再編、つまり運営についても行政が責任を持つ一方で、適切なインセンティブ付与のもとで事業者に運行を委任するという仕組みへ大きく舵を切ろうということになった。これが、計画と運行と運営の分離という第一の三位一体改革である。また、公共交通サービスの計画と運営に対して行政が積極的に関与すると宣言すると同時に、バス運行事業者には市の実施する施策に協力すること、市民にもサービス維持のための自助・共助努力を求めることにした。これが、公共交通事業者と市民、行政の責務を明確化するという第二の三位一体改革である。

この動きをさらに加速させるために、2012年5月には上記協議会を「熊本市公共交通協議会（以後、新協議会と記す）」に発展させた。新協議会は「政令指定市に移行しました本年度を『公共交通再生元年』と位置づけ、交通基本条例の策定や交通空白地域の解消などに取り組むことで、高齢化や人口減少社会を見据えた、誰もが気軽に利用できる公共交通網の整備に向け、これまで以上に力を入れてまいりたい」「公共交通のグランドデザインに掲げている施策はもとより、幅広い多種多様な公共交通の諸課題について、さらに協議を深めていただきたい」という、協議会設置時の市長の挨拶の中にもある目的で設置されたものである。

　新協議会は条例に基づく市の付属機関に位置づけられ、その下部に、①公共交通基本条例部会、②コミュニティ交通部会、③バス路線網再編部会という3つの専門部会を設けて集中協議を行うことになった。新協議会では、前協議会で提言された定期運行路線網の再編案と利用促進策の実効性を高めるための具体策をバス路線網再編部会で詳細に検討すると同時に、コミュニティ交通部会において、需要が少ないために事業者が自主的にはサービスの提供を行わないような公共交通空白・不便地域を明確に定義し、それらの地域へ導入するコミュニティ系交通サービスの形態やサービス水準、導入・維持のための行政と地域と事業者の役割を明確にしようとしている。さらに、今後の公共交通政策の実施を担保することを目的として、公共交通施策に対する基本理念と目的、市民・事業者・行政3者の役割などを骨子とした公共交通基本条例を公共交通基本条例部会で立案している。これが第三の三位一体の改革である。

　我が国には、このような包括的な公共交通の再デザインを行っている例はあまり見られず、熊本市のこれまでの一連の協議プロセスとその成果は画期的である。

各部会での検討事項
(1)　公共交通基本条例部会

　公共交通基本条例部会では、2012年11月13日に熊本市公共交通基本条例案を最終承認した。この条例は、公共交通の役割と現状、熊本市が取り組むまちづくりと公共交通サービスとの連携の確立、および基本理念を謳った前文、目的や各主体の責務などから成る総則、目的を達成するための基本的な施策、そのための支援から成っている。2010年から2011年にかけて政府が検討していた交通基本法（案）の中でもその取り扱いが議論になった移動権について、熊本市公共交通基本条例では、「日常生活および社会生活を営むために必要な移動を確保されることが権利の1つであるとの理念

を尊重」するとした。この基本理念のもと、「市民および事業者の参画と協働のもと公共交通の維持および充実のための施策を総合的かつ計画的に推進するため、この条例を制定」し、「公共交通により円滑に移動することが可能な地域社会の実現に寄与すること」を目的として定めている。

また、市は市民および事業者ならびに公共交通事業者の参画と協働のもとで総合的な施策を立案し、実施すること、公共交通事業者は社会的な役割を自覚し、公共交通の利便性向上に努めるとともに、熊本市が実施する施策に協力すること、市民と事業者は公共交通に対する理解と関心を深め、公共交通の担い手の一人であることを自覚して市が実施する施策に協力することを責務とした。

これらを実現するために、公共交通事業者が主体的に路線網を運行して輸送力、速達性、定時性の強化を目指す基幹公共交通ネットワークを強化すること、事業者が主体的には運行できない地域には、住民が組織する団体と協働して公共交通による移動手段の確保のために必要な施策を市が責任を持って講じると宣言している。

(2) コミュニティ交通部会

コミュニティ交通部会では、熊本市公共交通基本条例の中で公共交通事業者に事業として運行を任せる地域以外の公共交通不便地域および公共交通空白地域の定義と、そこでのコミュニティ交通サービスの提供のあり方について検討した。前者は最寄りのバス停や電停、駅から半径500～1,000mの地域であり、地域が主体となってコミュニティバスの導入・維持に努力すれば行政はそれを支援する地域、後者は半径1,000m以上離れた地域で、行政が主体となって地域と協働して乗合タクシーを導入する地域と定義している（図3-1）。

前者については、のべつ無制限にコミュニティバスサービスを提供するのでなく、運行経費の最大7割までは補助するが、収益が運行経費の3割を確保できない場合は、期限を切ってサービスを廃止することを沿道住民とあらかじめ契約している（図3-2）。これは、これらの地域にも市は公共交通サービスに関する積極的な関与を行うが、利用促進や収益性向上など、沿道住民にもコミュニティバスの維持のための努力を求めることを確認し合うというものである。

(3) バス路線網再編部会

図3-3のようなゾーンバスシステムは、ルートのわかりやすさや車両運用の柔軟性・合理性の高さなどの理由で、利用者にとっては利便性が、事

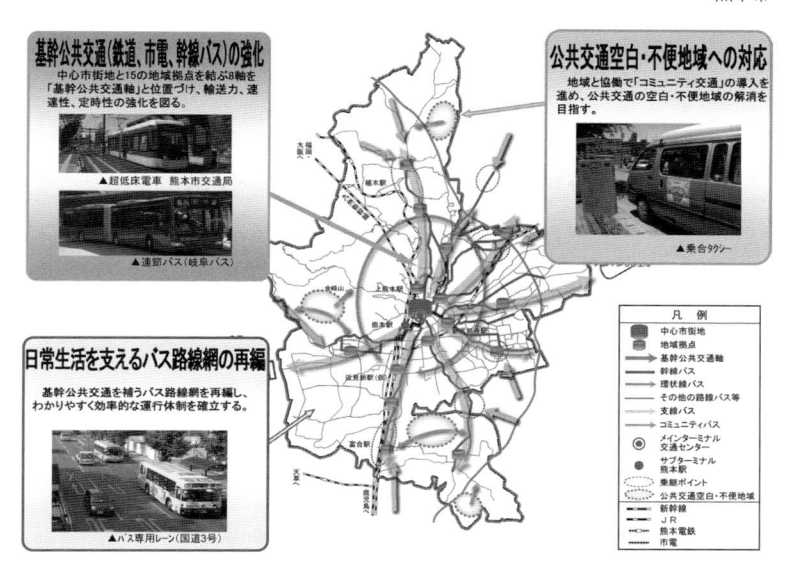

図 3-1　公共交通空白地域と公共交通不便地域における提供のあり方

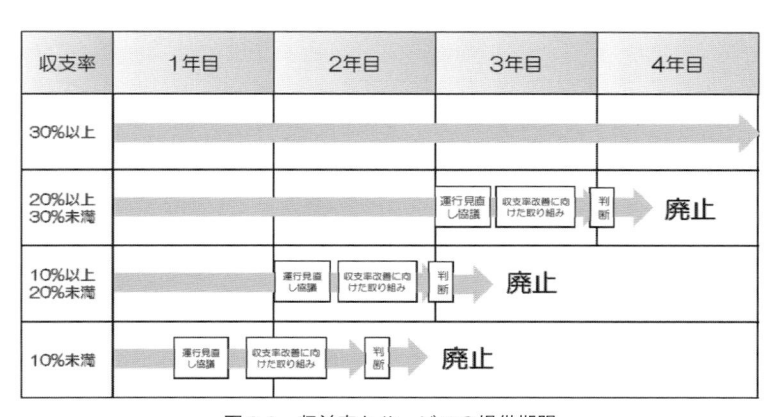

図 3-2　収益率とサービスの提供期限

業者にとっては効率性が高い路線網が構成できるとされている。協議会には、部会より熊本市全域にこのゾーンシステムを導入したバス路線網再編案と 58.6 億円（距離比例制料金の場合）の便益額が提示された。それと同時に、現在の補助額（運行補助と市交通局への一般会計繰出金の和）よりは軽減されるものの、約 10 億円の赤字となる収支の試算値が示された。従来、地方バス路線維持費補助は実績算定方式による欠損補助方式であったが、この部会ではインセンティブ補助方式の導入を提案した。

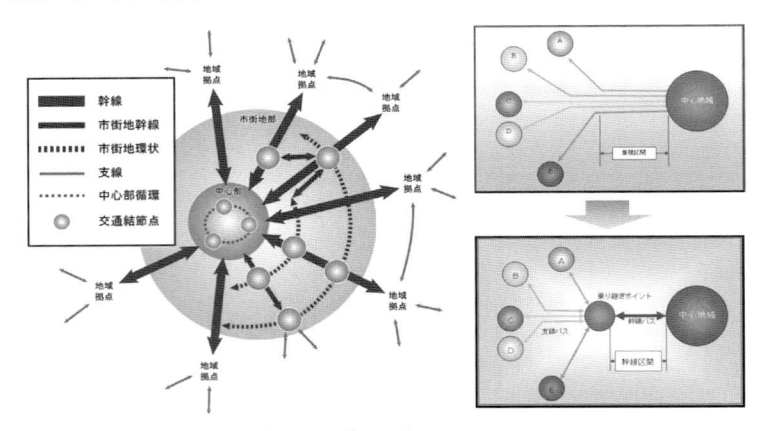

図3-3　ゾーンバスシステム

　この提案を受けて、2014年度より標準経常費用単価の厳密化と事前算定方式が導入され、約1億円の補助額の削減（2014年度見込）となった。現在は計画と運行と運営を分離する実効性のある新たな組織について検討を行っているところである。

　同一路線上を複数の事業者が運行する場合、これまでは、それぞれの事業者が別々の時刻表と路線図をバス停に掲示していた。これを、図3-4に示すように1枚の時刻表と路線図に集約して表示することによって、利用

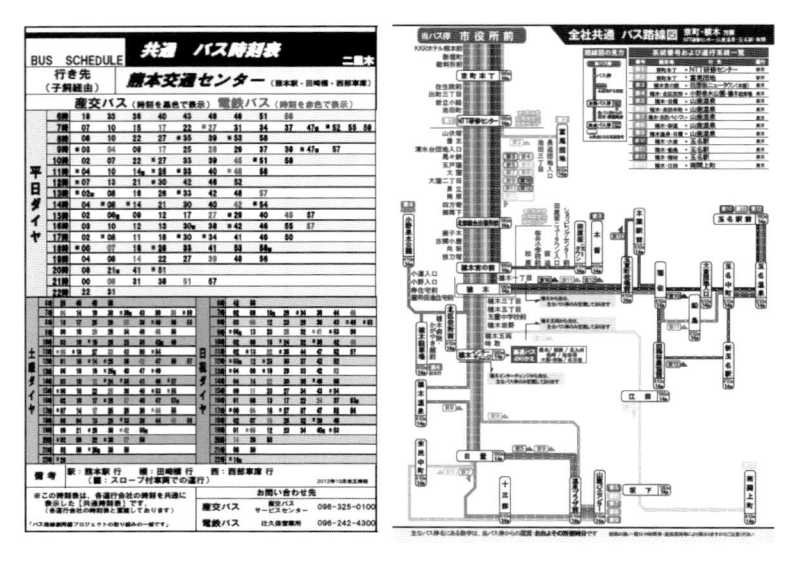

図3-4　時刻表と路線図を一体化した掲示

者にとって非常にわかりやすくなったことは、些細な改善ではあるが、運行の一元管理の成果である。今後は、バスロケーションシステムやダイヤ編成システムなどのバス運行に関わるトータルシステムの共同導入など、表 3-1 に示すような 9 つの具体的なアクションプランを実行していく予定である。

公共交通の再デザインに関する今後の検討事項

　熊本市における公共交通の再デザインは、熊本駅の連続立体交差化事業と花畑・桜町再開発事業が完了予定の 2018 年を目途に、鋭意、進行中である。しかし、直面する課題は多い。その 1 つは、導入が予定される IC カードに関する課題であった。市電は 2013 年度末に全国相互利用 IC カードを導入したが、バス事業者は初期投資額が大きすぎるなどの理由でバスだけでしか使えない地域限定型 IC カードの 2015 年度初頭の導入を決めた。このままでは、市電のカードではバスに乗れないし、その逆も、もちろん不可である。したがって、Suica などの全国相互利用型カードを持った旅行者は、市電には乗れてもバスには乗れないおそれがあった。

　しかし、地域限定型カードの使用が可能となるシステムを熊本市の予算で市電に設置することにより、2015 年度中頃にはバスのカードでも市電を利用（通称、ミニ逆片利用）できるようになる予定である。また、2016 年度初頭には、片利用、つまり全国総合利用型カードがバスでも使えるシステムになることになった。これは、協議会でのこれまでの真剣な議論によって醸成された公共交通の再デザインに対する協議会構成メンバーの熱意と相互の信頼関係の賜である。

　2 つ目は前述した熊本都市バス株式会社の将来の役割と位置づけである。協議会としては、自らバスを運行する事業者ではなく、行政へは運行計画案の提案や補助金の申請をし、事業者へは計画に沿った運行のモニタリングや補助金の適切な配分を行うような、運営と一元的運行管理を行う組織になることを期待している。この件については、行政と事業者の間だけでなく事業者間でも同床異夢の感もあるが、ぜひとも解決しなければならない最重要課題である。

86　交通まちづくりの実践

表 3-1　実施プログラム総括表

[出典・参考文献]
[1] 溝上章志・平野俊彦・竹隈史明・橋本淳也：「階層化手法による熊本都市圏バス路線網の再編」、土木計画学研究・論文集、Vol.27、No.4、pp.1025-1034、2010 年
[2] 溝上章志：「政令市熊本の交通体系と中心市街地の再デザイン」、九州経済調査月報、財団法人九州経済調査協会、Vol.66、No.5、pp.2-11、2012 年
[3] 溝上章志・藤見俊夫・平野俊彦：「熊本都市圏におけるバス路線網再編計画案へのインセンティブ報酬モデルの適用」、土木学会論文集 D3、Vol.68、No.2、pp.105-116、2012 年
[4] 溝上章志：「地方都市と交通」、運輸と経済、Vol.74、No.2、pp.92-95、2014 年

4. 札幌市:都心交通計画のコンフリクトとその解決

はじめに

　この章では、札幌市の都心交通計画を取り上げ、その立案過程で生じたコンフリクトとその解決に焦点を当てる。

　都心交通ビジョンが 2001 年 5 月に提案されてから都心交通計画の制定に至る「市民参加と交通政策の決定プロセス」に関しては、札幌市の担当者であった城戸寛氏が、書籍『交通まちづくり』[1] において、簡潔に整理しわかりやすく説明している。ここでは、都心交通ビジョン懇談会と 1000 人ワークショップ（WS）のコーディネーターを務めた石塚雅明氏の資料[2] をはじめとする関連資料を併せて、コンフリクトの解消に焦点を当て再整理する。

　以下では、まず、都心交通計画に至る議論の経緯を整理する。次に、都心交通ビジョンと、その流れを受けて、その後に成立した都心交通計画の相違を整理し、続いて、この相違がなぜ生まれたのかを理解するため、都心交通ビジョン懇談会の議論と成果をまとめる。最後に、これらの結果から得られた知見を整理する。

経緯

　札幌の都心まちづくりの流れは、石塚氏が指摘するように、第 4 次札幌市長期総合計画[3] において、「魅力的で活力ある都心の整備」を重点施策の 1 つに位置づけ、都心整備の目標として、①環境との共生と都市個性の伸長、②活発な諸活動の展開、を掲げ、機能、空間、交通の主要課題を示し、その後の都心計画の基本となる「主要ゾーンの区分と都市基盤の骨格軸」のイメージ図を提示したことが、大きな節目と考えられる（図 4-1）[2]。

　都心交通ビジョン[4] は、1998 年から 3 年がかりで検討を進めたもので、2001 年 5 月 17 日の記者会見で、桂信雄市長（当時）が、札幌市から市民への提案という形で発表した。第 4 次長期計画の骨格軸と整合し、大通、駅前通、創成川通を連続する歩行者軸として整備するとしたものである。「日本で、これほど大胆かつ明瞭に都心部での歩行者優先施策を打ち出した先例はなく、画期的なものです」と「LRT さっぽろ」が発表当時に指摘したとおり、歩行者専用空間軸で区切られたトラフィックセルの考え方を、札幌都心部の計画として具体的に提示したものといえる。

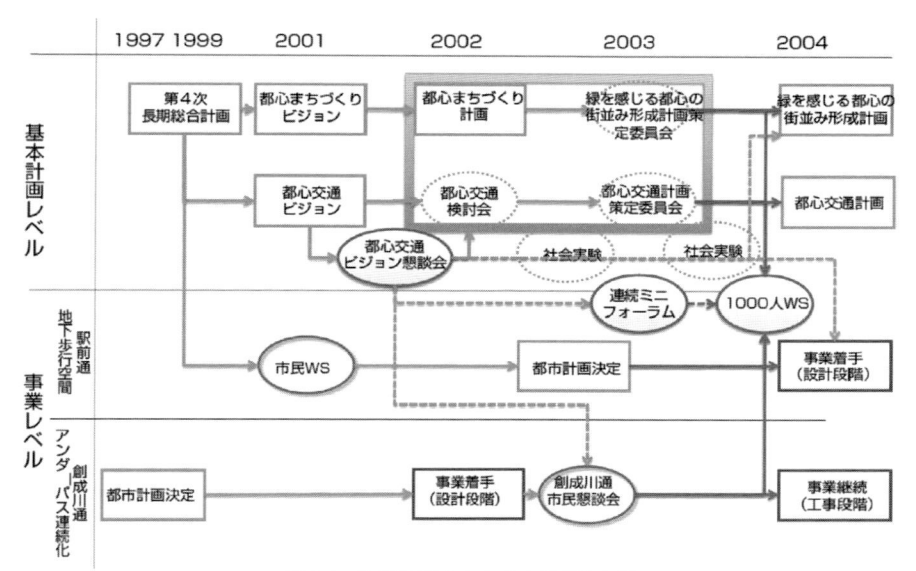

図 4-1　札幌の都心まちづくりの流れ[2]

　都心交通ビジョンは、広報さっぽろ 2001 年 6 月号の巻頭 6 ページの記事で紹介され、積極的に市民の意見を公募している。その中に、佐藤馨一北大教授（当時）の提言「今、なぜ都心交通ビジョンか」があり、「『車を都心に積極的に受け入れない札幌文化』を築くために、それを支える存在としての交通体系が求められている」と説明している。総合交通対策調査審議会が 2001 年 4 月の答申[5]で打ち出した「適切な自動車交通の実現」を、都心の具体的なビジョンとして提示したものといえる。

　2001 年 8 月には、都心のまちづくりビジョン[6]が、「都心のまちづくり計画策定協議会」からの中間報告として発表されている。長期総合計画の提案をより具体化したもので、都心に 4 つの「骨格軸」、3 つの「交流拠点」、そして 4 つの「ターゲットエリア」を設定している（図 4-2）。骨格軸は、にぎわいの軸（駅前通）、はぐくみの軸（大通）、やすらぎの軸（創成川通）、うけつぎの軸（北三条通）であり、歩行環境の改善を打ち出している。特に、「大通公園の連続化などによる魅力向上」、「大通公園の東伸」を主なテーマの 1 つに掲げている。

　この流れの中で、2001 年 9 月 27 日、「第 1 回都心交通ビジョン懇談会」が開催される。この懇談会の参加者は、都心部の運輸業や商業に関わる関係者のほか、都心部の交通に関心のある方々 18 名であり、学識経験者 2 名（加賀屋誠一北大教授、後藤元一札幌市立高専教授（いずれも当時））

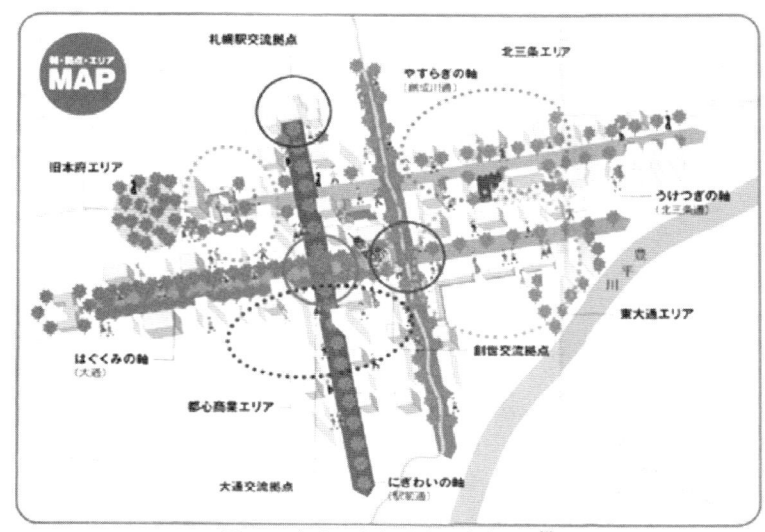

図4-2　都心のまちづくりビジョン[6]

をアドバイザー、柳田石塚設計計画研究所（当時）の石塚氏をコーディネーターとする「市民懇談会」であった。懇談会は、2002年度には、アドバイザーの参加は取りやめ、札幌市都心交通担当課長（当時）の城戸氏が参加するなど、メンバーの一部を入れ替えて継続され、2003年3月には「まとめと提言」[7]を行っている。

　2002年6月には、都心まちづくりビジョンをより具体化した、都心まちづくり計画[8]が発表されている。にぎわいの軸（駅前通）の形成イメージ図では、地下歩行空間の整備とともに、地上部の歩行空間の拡大を沿道企業等と市の協働により進める、と示されており、都心交通ビジョンの提案が生きている。一方、はぐくみの軸（大通）の連続化に関する表現には変化があり、大通公園の段階的な連続化を、札幌市・まちづくり組織・TMO（タウンマネージメント機関）等の協働で、社会実験等による検討を進めるとしている。

　都心まちづくり計画の発表後、2002年7月24日から2003年3月18日まで、懇談会と並行して、「さっぽろ都心交通検討会（会長：加賀屋誠一北大教授（当時））」が開催され、「さっぽろ都心交通検討会報告書（2003年3月）」[9]をまとめている。そこでは、1年後の「さっぽろ都心交通計画」の骨格の1つとなる「都心部の道路ごとの交通機能分類案」が提案されるとともに、「10年後の都心交通をいっしょに考えてみませんか」として、2003年度以降、都心交通計画策定委員会を立ち上げ、並行して、社会実

験と市民合意形成を行い、それらを連携させて、都心交通計画を策定していくプロセスが明示されている。

　2003年4月の市長選、6月の再選挙を経て、上田文雄市長が誕生した。当時は、ちょうど、さっぽろ都心交通検討会報告書と都心交通ビジョン懇談会の提言が出た直後に当たる。城戸氏によれば、「札幌市は、こうした懇談会の議論、提言なども踏まえ、交通政策の転換を図ることになるであろう都心交通計画の策定に向けては、できるだけ多くの市民への情報公開と説明責任、広がりのある市民議論が必要であると判断し、『市民1000人ワークショップ』の開催を企画した」[1]とのことであり、この流れに、上田市長の意向が重なり、1000人WSの具体的内容が固まっていくことになる。

　1000人WSの企画段階で重要な課題となったのは、「普段の市民生活とは隔たりのある都心の交通やまちづくりの関心を高め、多くの参加者を得るための方策」[1]であり、パネル展の開催、ポスター掲示、ダイレクトメール等とともに、懇談会を契機にして、商業者や市民グループの有志により組織された市民団体「さっぽろ都心フォーラム」が主催する連続ミニフォーラムが、2003年の8月30日から11月10日にかけて、12回開催された。

　1000人WS開催に向けたファシリテーターの公募と研修、事前配布資料の作成など、様々な準備作業を経て、2003年11月14日、15日の両日、札幌メディアパーク「スピカ」にて、市民1000人WSが開催される。2003年11月18日の北海道新聞によれば、多様な意見が出た2日間を、上田市長は、「私が頂いた課題は非常に重たいが、何とか新しい街の形を提示したい」と締めくくった。

　この多様な意見は、「札幌都心交通計画策定委員会（2003年10月～2004年3月）」が「さっぽろ都心交通計画」[10]を策定する重要な資料の1つとなった。「さっぽろ都心交通計画」は、2004年4月に策定委員会から市長に提出され、5月に市議会総務委員会に諮られるとともに、役所内での最終調整を経て、7月に行政計画として策定された。城戸氏は、「足掛け4年間に及ぶ広範な市民議論と関係行政機関による真摯な協議調整の結果である」と指摘している[1]。

都心交通ビジョンと都心交通計画の相違

　これらの経緯から、都心交通ビジョンと都心交通計画の相違は、都心交通ビジョン懇談会と1000人WS等の成果を受けたものであり、情報ギャップの解消を進めて、異なる立場の市民の多様な要求のバランスを取った結果、当初の都心交通ビジョンの提案から変化したものである。ここでは、

(1) 理念

　都心交通ビジョン（2001年4月）[4] は、
「魅力と活力ある都心を実現するためには、歩行者や環境を重視した快適な歩行者空間を創出することや、目的に応じて自動車利用を抑制することが必要です」
と説明し、都心交通の望ましい姿に向けた理念と、今後概ね20年間に取り組むべき主な施策を提案するとしており、理念は、計画の基本目標と基本方針によって示した。

　一方、さっぽろ都心交通計画（2004年4月）[10] は、
「魅力的で活力ある都心を実現するためには、歩行者が安全安心に移動したり集うことのできる空間の形成や、自動車交通に過度に依存しない交通手段の提供など、人や環境を重視した取り組みを展開することにより、あらゆる人々が都心を快適と思える空間を形成し、都心の魅力を交通面から向上させることが必要です。また、都心の魅力を創出するためには、交通とともに都市機能や土地利用の面から、それぞれにその機能の充実を図るとともに、これらの取り組みの総合的な連携を深めることが必要となります。したがって、都心交通計画の検討に当たっては、都心まちづくり計画などその他の都市活性化に向けた施策と連携を図りつつ、その取り組みを進めていく必要があります。このため、都心交通計画の検討に向けた基本的な考え方を以下の2点としました」
と説明し、計画の目標と基本方針を提示している。

　これらの比較を表4-1に示す。上記のそれぞれの序文も入れて比較すると、計画の目標に関しては、「魅力的で活力ある都心を実現する」という大目標には全く変化はないが、「あらゆる人々が都心の魅力を享受できる交通体系」とあった部分に対応するものとしては、「あらゆる人々が都心を快適と思える空間を形成し、都心の魅力を交通面から向上させる」と、都心そのものを快適にする施策があり、交通面の改良はそれをさらに向上させるものとして位置づけ直している。また、「快適な歩行空間」を重視し「目的に応じて自動車交通を抑制する」としていたものが、「歩行者が安全安心に移動し集うことのできる空間の形成や自動車交通に過度に依存しない交通手段の提供」と変化しており、「自動車交通の抑制」が「自動車交通に過度に依存しない交通手段の提供」と置き換わっている。

表 4-1　都心交通ビジョンと都心交通計画の比較：理念［著者作成］

	都心交通ビジョン	都心交通計画
計画の目標	活力ある都心の実現を図るため、歩行者や環境を重視し、あらゆる人々が都心の魅力を享受できる交通体系を構築する。	1. 人と環境を重視した新しい時代の都心交通の創出 2. 都心の活性化に寄与する交通施策の推進
計画の基本方針	1. 歩行者中心の快適な空間の創出 2. 限りある空間や道路の有効利用 3. 都心へのアクセス性の向上 4. 都心内における過度な自動車利用の抑制	1. 公共交通を軸とした交通システムの充実 2. 適正な自動車等の利用による交通の円滑化 3. 道路空間の再配分による都心再生の具体化 4. 社会実験の継続と市民と協働によるプロジェクトの展開

　都心交通ビジョン懇談会や 1000 人 WS を通して得られた多様な主体の様々な意見を考慮し、歩行者を重視し自動車を抑制するという原則を端的に表現したものから、その趣旨は受け継ぎつつも、状況に応じた柔軟な対応が可能な表現に置き換わったものと理解できる。
　また、「都心まちづくり計画などその他の都市活性化に向けた施策と連携を図りつつ、その取り組みを進める」と明示しており、改めて、「都心のまちづくりビジョン」と「都心交通ビジョン」の両輪で進めてきた姿勢、都心の魅力を高める様々な施策との連携を強調している。

　今後も、この連携を図りつつ交通施策を展開するという基本的姿勢は、路面電車の延長を考慮する際などにも重要になると考えられる。

(2)　骨格軸の空間再配分
　都心交通ビジョンは、駅前通の地上、大通の地上を連続した歩行者モールを軸とするトラフィックセルを提案し、自家用車はモールの横断を禁止し、荷さばき車は夜間や午前中に限り横断を認めるという案を提示した（図 4-3）。駅前通は、地下街の新設とともに地上部も歩行者空間に転換させ、大通は、横切る道路を閉鎖して公園として連続させる計画であった。また、創成川通は、現在は不連続なアンダーパスを連続させて、地上の道路空間を歩行者空間に転換させ、創成川の水辺と一体となった憩いと潤いの空間を形成するとした。

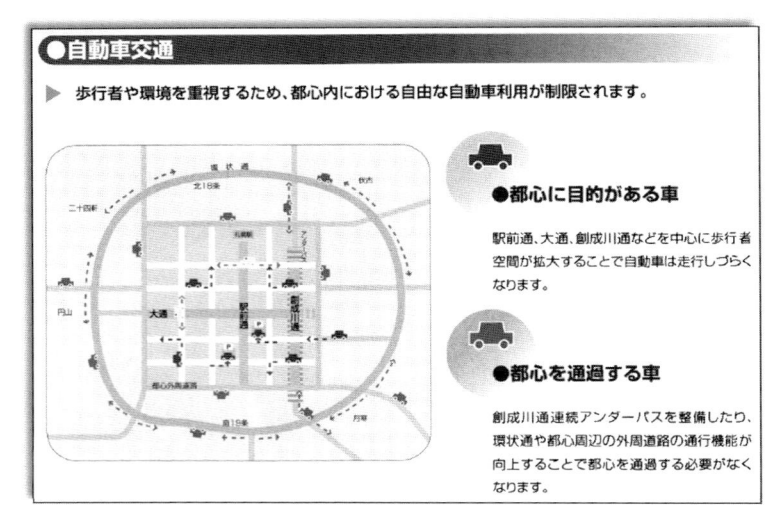

図 4-3　都心交通ビジョン；自動車交通の抑制 [5]

　これに対して、さっぽろ都心交通計画は、「都心のまちづくり計画の骨格軸である 4 軸については、都心の活性化に寄与する交通施策を推進するという観点から、都心部のみならず、その周辺開発等の将来性を踏まえた空間構成が求められる」とし、その空間再配分を提案している。
　具体的に、札幌駅前通は、地下歩道を新設し、周辺建物と結ぶとともに、地上部は、全面的な歩行者専用空間とはしないで、車線数の削減、歩道の拡幅、自転車道の分離を行うとしている。大通は片側 3 車線と車線数が多くなっており、公園側に自転車専用道を置き、また、横切る道路の多くは閉鎖しない計画となっており、歩行者空間の連続性は確保していない。創成川通は片側 2 車線と車線数が多くなっており、歩道上に自転車走行レーンを置くが、連続アンダーパスを整備して、都心の通過交通を流し、都心部の交通混雑をやわらげるとともに、水に親しめる空間を生み出すという点には変化はない。

都心交通ビジョンから都心交通計画への合意形成

　ここでは、都心交通ビジョン懇談会と 1000 人 WS において、上記の変化に関連した議論がどのように展開されたのかを整理する。

(1)　都心交通ビジョン懇談会における議論
　都心交通ビジョンは、既述したように、広報さっぽろ 2001 年 6 月号の

巻頭6ページに説明されているが、その4ページと5ページに、「都心交通ビジョンを私はこう考える」と題して、様々な立場からの声を基に主な論点を紹介した。

具体的に、商店主の声として、「ただでさえ、苦戦を強いられているんだ。今のままで、ただ車を抑制するだけでは、ますます都心に人が集まらなくなってしまう。ビジョンでは、モールで賑わいをつくるとあるが、市には、私たち商店主の声をよく聞いて、これからの施策を進めていってもらいたいと思う」。そして、都心に物を運ぶトラック運転手の声として、「モールへの乗り入れや横断をどのような車両に限って認めるのか、時間帯はどうするのかなど、誰がどのように決めるのだろう。現状では、ビジョンの実現に向けた課題がたくさんあると思う。（後略）」が、掲載された。当初から、論点は想定されていたと思われる。

2002年度から都心交通ビジョン懇談会に参加した城戸氏は、その後の1000人WSから都心交通計画の立案の中心的人物の一人であるが、「都心交通ビジョンは、マスコミのセンセーショナルな取り扱いもあり、大きな市民議論に進展した。そのスタートが、『都心交通ビジョン懇談会』の設置である。懇談会は、都心交通ビジョンに対して、強い異論を唱えている商業者、事業者や運輸関係者と人と環境を重視する方向性に賛同した複数の市民グループが出席し、1つのテーブルを囲んだ」[1]と指摘している。

都心交通ビジョン・ニューズレターの第1号（2001年10月）と第2号（2001年11月）が手元にあるが、第1号では、歩行者や環境を重視した都心交通の実現に向けて、「都心交通ビジョンを提案し、今後は、幅広く意見を聞いていく」ことが確認されている。また、第2号では、早くも、グループ討議の1つ、「自動車削減は自然に！」の中で、「歩行者空間を連続させることは現実的でない」との意見がまとまり、社会実験等の検証を踏まえながら、再検討する方向が出ている。

ここで、都心交通ビジョン懇談会のコーディネーターを務めた石塚氏に、懇談会以降の流れを整理し、成功の秘訣を披露してほしいと依頼した、東大まちづくり大学院の授業における配付資料の一部（提言書の一部）を引用する。

まず、懇談会開催の流れであるが、2001年度の「無理のない段階的実行プランを考える」等を受けて、2002年度は、立場が異なっても「一致できる点」を探ろうと、小グループによる密度の濃い議論を展開している。

次に、最も重要な「議論の経緯」（図4-4）であるが、大方の共通認識の中に、「乗り入れ抑制は事業者にとって死活問題」、「『トラフィックセル』による自動車規制を前提としない」が明記されている。極めて重要な指摘

である。都心の魅力向上策が明確に打ち出されていない中で、歩行空間の連続性を保つために、フルモールを提案し、車の横断を禁止する（正確には、自家用車は全日禁止、トラックは夜間や早朝など時間帯を限って走行可）ことは、受け入れがたいことであったことが明白である。

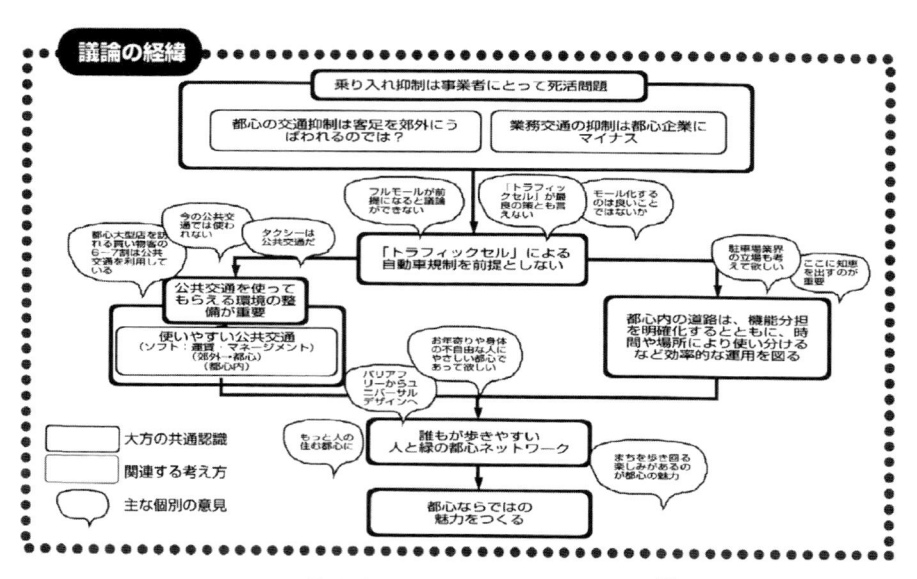

図4-4「都心交通ビジョン懇談会」からの提言[2]

　2年間の議論をまとめた提言では、4つの基本的考え方を提示している。それらは、自動車への対策の前に公共交通の改革が先であり、ユニバーサルデザインに配慮した歩きやすい都心を目指し、限られた道路空間を地区の特性に応じて配分し、都心全体の魅力を高める都市計画的な支援策を同時に実施するというものである。

　城戸氏は、この提言について、「『さっぽろ都心交通検討会』での検討内容も踏まえ、骨格軸の『フルモール』や自動車交通の抑制を図る『トラフィックセル』を前提としないが、現状の交通システムの見直しと、そのための社会実験と市民議論を継続することの必要性を提案している」[1]とまとめている。

　コーディネーターとして参加した石塚氏も、市職員の立場で委員として参加した城戸氏も、一致した見解を示しているが、城戸氏は、「さっぽろ都心交通検討会」での検討内容の影響にも言及しており、「さっぽろ都心交通検討会」における「都心部の道路ごとの交通機能分類案」の検討内容

が、影響したことを示唆している。

　また、石塚氏は、懇談会という非公式性が合意形成を可能にしたと指摘しており、個人の資格で参加する立場を取る非公式な懇談会の場であったからこそ、多様な主体間において、密度の高い議論を展開でき、主体間の一致点を提言としてまとめることができたこと、組織の代表としてではなく、個人としての意見を出し合い話し合う懇談会においてこそ、論点が明確になり、一致点を見いだせたことを高く評価している[2]。

　城戸氏が「市民議論のスタートであった」と振り返る都心交通ビジョン懇談会は、石塚氏のコーディネートのもとで、多様な主体が、本音を語り、譲れない点を明確にし、その中で、一致点を提言としてまとめるに至ったものである。

まとめ

　この章では、札幌の都心交通ビジョン懇談会の経緯、役割、ならびに、都心交通ビジョンと、その後の都心交通ビジョン懇談会、連続ミニワークショップ、1000人WSの蓄積を受けて成立した都心交通計画との相違を整理した。

　まず、都心交通ビジョン懇談会の果たした役割であるが、当時の文脈に照らして、連続した歩行空間で仕切られたトラフィックセルに対する否定という、都心交通計画をまとめるに当たって極めて重要なポイントを初めて整理したものであり、既述した、都心交通ビジョンと都心交通計画の最も大きな相違は、この都心交通ビジョン懇談会の成果によるところが大きいといえる。都心交通ビジョンの方向性に賛成した人々と反対した人々が個人の立場で議論した懇談会といった形の合意形成手法の意義を高く評価する。

　次に、これらの長期に継続する努力を追いかけてみると、魅力的で活力のある都心を実現するためには、PDCAの繰り返しが必要であり、そこに関わり、継続的に努力していくことが、プランナーとしての進化と、まちづくりの担い手の育成につながることが読み取れる。

　加えて、このような合意形成過程を経て策定された都心交通計画は、その後、比較的順調な展開を見せている。駅前通や創成川通の整備が進み、2013年には、次の10年を見据えた都心まちづくり戦略がまとめられている。その基本は、4（骨格軸）-1（展開軸）-3（交流拠点）の骨格構造の実現であり、第4次札幌市長期総合計画の基本思想を受け継ぐものとなっている。理想と現実のバランスをうまく整理した都心交通計画であるからこそ、また、関係者のたゆまぬ努力があればこそ、生き続けていると

思われる。改めて、札幌市の都心まちづくりに関わっている関係者の皆さんに敬意を表したい。

　最後に、本稿の整理が、都心の活性化に資する交通計画に取り組む皆さんの参考になれば幸いである。

[出典・参考文献]
[1] 城戸寛：「札幌市：対話型交通まちづくり―市民参加と交通政策の決定プロセス―」、『交通まちづくり―世界の都市と日本の都市に学ぶ』（交通まちづくり研究会編）、交通工学研究会・丸善、pp.76-97、2006 年
[2] 石塚雅明：「札幌都心の交通のあり方を考える」、東京大学大学院工学系研究科都市工学専攻都市持続再生学コース「都市の交通政策」、2011 年 1 月 20 日授業資料
[3] 札幌市：「第 4 次長期総合計画」、2000 年
[4] 札幌市総合交通対策調査審議会：「公共交通を軸とした交通体系の確立について」、2001 年
[5] 札幌市：「都心交通ビジョン」、2001 年
[6] 札幌市：「都心のまちづくりビジョン」、2001 年
[7] 札幌市：「札幌の都心交通のあり方を考える―都心交通ビジョン懇談会からの提言」、2003 年
[8] 札幌市：「都心まちづくり計画」、2002 年
[9] 札幌市：「さっぽろ都心交通検討会報告書 概要版」、2003 年
[10] 札幌市：「さっぽろ都心交通計画―人と環境を重視した都心交通に向けて―」、2004 年
[11] 札幌市都心交通対策実行委員会：「10 年史：魅力ある都心空間をめざして」、2001 年
[12] 札幌市：「さっぽろ夢ストリート 市民 1000 人ワークショップ事前解説資料」、2003 年
[13] 札幌市：「さっぽろ夢ストリート 市民 1000 人ワークショップ報告書」、2004 年

Column-6 「札幌市都心交通対策実行委員会」の果たした役割

　都心交通ビジョンが生み出された重要な背景として、市民と行政による都心交通問題への取り組みを進めた「札幌市都心交通対策実行委員会」の活動概要を整理する。
　「札幌市都心交通対策実行委員会（会長：杉岡幸三郎札幌商工会議所副会頭（当時））」は、1989年11月に発足した「札幌市都心交通対策協議会（会長：佐藤馨一北大教授（当時））」が1991年12月にまとめた提言を具体的に実行するため、1992年3月に設立された。その10周年史[1]において杉岡氏は、「当初は、啓発活動など地道な活動であったが、回を重ねるにつれて市民や関係者の関心も高まり、都心の交通問題の解決に向けて微力ながら貢献できた」と記している。具体的に、1997年以降は、都心部交通実験プロジェクトとして、「都心循環バスの運行」、「新たな歩行者ゾーンの創出」、「荷さばきのタイムシェアリング」の3つの交通実験プロジェクトを実施し、1997年度国際交通安全学会賞を受賞するなど、「市民と事業者、行政の協働による交通まちづくりの先進事例として高く評価された」としている。
　佐藤教授は、10周年史の寄稿文において、「市民主導、産業界主導であることを最大の特徴とする」、「杉岡会長のリーダーシップによるものであり、利害の対立する商業界や運輸業界の意見をよく聞き、会長自らが都心交通のあり方を語り、協力体制を確立してきた」、「市民、産業界、行政の痛み分けを基本としてきた」、「広報・啓発活動からテーマ性を持った都心交通対策、さらに将来を視野に入れた実験的プロジェクトへと進んできた」、「次のプロセスは恒久的な都心交通対策を確立することである」と指摘している。また、寄稿文の最後を、「『まちづくり』は結局のところ『人づくり』に帰結し、札幌市都心交通対策実行委員会の10年間の活動によって、『まちづくり』を担う市民を数多く育成したことの功績は計り知れないほど大きい」と締めくくっている。
　このように、会長のリーダーシップを原動力として、関係者の話し合いを進め、広報・啓発活動から実験的プロジェクトの継続的な実施に進む中で、市民の関心が高まり、「まちづくり」を担う数多くの市民が育成されたことは、都心交通ビジョンに結びついただけではなく、その後、市長の交代もあり、市役所の担当者も交代し、委員会の体制も変更されているが、都心交通計画に関する合意形成に大きく影響したと考えられる。

[出典・参考文献]
[1] 札幌市都心交通対策実行委員会：「10年史：魅力ある都心空間をめざして」、2001年

[執筆：原田 昇]

Column-7　ポロクルとまちづくり

ポロクルとは？

　札幌のまちなかに整然と並ぶ白い自転車。好きなポート（専用駐輪場）から借りて好きなポートに返却できるサイクルシェアシステム「ポロクル」の自転車である。

　札幌都心部では、歩道を勢いよく走行する自転車が歩行空間の安全を脅かし、歩道上に溢れた放置自転車は都市景観を悪化させている。2008年、このような問題について議論するため、東京大学 羽藤英二教授らの有識者と(株)ドーコンが中心となって開催したイベント「北海道モビリティカフェ」を皮切りに、札幌におけるサイクルシェアシステムの検討が始まった。2年間の実証期間を経て、多くの人々が自転車を共有し、乗り捨てすることもできる新しい移動手段「札幌みんなのサイクルポロクル」は本格的に事業をスタートさせた。

　2014年度は、札幌都心部で東西約5km、南北約3kmのエリアに、46カ所のポートと約350台の自転車でサービスを展開。ユーザー登録件数は約9,000件、観光利用は前年度の2倍を超え年間1,800件を上回るなど、市民や観光客の足として定着しつつある。

写真1　札幌のまちとポロクル
［出典：NPO法人ポロクル］

ポロクルとまちづくり

　ポロクルは、まちの活性化に積極的に取り組んでいる。そのいくつかの例を紹介したい。

　①　NPO法人「ezorock」との連携

　ポロクルの自転車の点検・修理・再配置などの運営は、NPO法人ezorockに所属する20歳前後の若者たちが担っている。自転車で移動する際は車道の左側を走行し、歩道では押し歩きすることを徹底し、市民のお手本になるべく行動をとっている。

　さらに、自転車の様々な問題についてコミュニケーションを図りながら市民に理解してもらおうと、「自転車day」という自転車マナー啓発イベントを企画・運営した。このイベントは今後も継続していく予定である。

写真2　自転車dayの様子［著者撮影］

　②　札幌大通まちづくり株式会社との連携

　自転車マナーや放置自転車の問題に悩む大通地区では、札幌大通まちづくり株式会社（以下、まち会社と略す）が中心となり、地元商店街や大規模店舗によって構成する「札

幌都心部交通研究会　自転車対策部会」を設置した。この部会では、「自転車対策アクションプラン」を策定し、自分たちができること、あるいは、行政と連携しながらできることを実践している。ポロクルもその一員として、まち会社との連携のもと、駐輪や走行環境に関する調査の企画・協力、ルール・マナーの徹底に関する協力、代替通勤手段としてのポロクルの活用など、総合的な自転車利用環境の向上を目指し積極的に関わっている。

③　アスリートたちとの連携

2012年には、元コンサドーレ札幌の曽田雄志氏、100m女子アジア記録ホルダーの福島千里氏ら、北海道ゆかりのアスリートたちの賛同を得て、「伝えたい・自転車のルール　～チーム北海道が考えるみんなにやさしいまちづくり～」と題した自転車のルール・マナーに関する啓発動画を制作した。誰もが安心して歩道を歩くことができる「みんなにやさしいまち」に少しでも近づけたい、この動画にはそんな想いが込められている[1]。

④　まちミライカイギへの参画

「札幌都心部はどうあるべきか」。今の「まちの課題」、そして「まちの未来」を見据えて、地域や市民と一緒になって考えていく場「まちミライカイギ」が、2014年度、まち会社やポロクルが中心となって創設された。ポロクルの若者たちも参画し、ワークショップ・イベント・Webなどで、彼らが考えるまちのミライについて発信している[2]。

写真3　まちミライカイギの様子
[著者撮影]

ポロクルセカンドステージへ

ポロクルは、本格展開を開始した2011年以来、(株)ドーコンモビリティデザインがその運営を担ってきたが、

・活動や事業をさらに地域に定着させ推進していくこと
・行政や関連団体との連携を深め活動の場を広げていくこと

を目的として、2014年12月、NPO法人ポロクル（理事長：萩原亨　北海道大学大学院教授）に事業を移行した。今後も、札幌のまちを良くしたいと考える若者たちを中心とし、たくさんの市民や企業の方々が利用・参画しやすい環境を整え、魅力あるまちづくりに取り組んでいく。

[出典・参考文献]
[1] チーム北海道（ポロクル×アスリート）：「伝えたい・自転車のルール～チーム北海道が考えるみんなにやさしいまちづくり～ 予告編」
[2] まちミライカイギWebページ

[執筆：熊谷美香子]

5. 広島市：科学的な総合交通体系調査を導入した交通まちづくり

科学的分析に基づく交通まちづくりの策定と見直し
(1) 都市圏総合交通体系の基本的な整備方針の策定

　広島市は、日本で初めて本格的なパーソントリップ調査を実施した都市として知られる。1967年、新幹線や高速道路といった都市間交通網の建設が目前に迫った広島都市圏(1市13町75万人)において、2年間にわたって実施した一連の調査(家庭訪問調査、営業車訪問調査、コードインタビュー調査、大量輸送機関調査、スクリーンライン調査)は、都市圏全体をカバーするまさに包括的な総合交通体系調査であった。

　調査の実施主体である広島都市交通問題懇談会は国、県、市、学識経験者、経済団体等で構成され、Chicago Area Transportation Study (1959年) を参考に、18年後の1985年を予測年次として明確に据え、統計的見地からサンプルの抽出・拡大方法を定め、発生交通、分布交通、交通機関別分担、配分交通からなる4段階の交通需要推計法を採用して、広島都市圏交通計画 (Hiroshima Area Transportation Study：HATS I) を策定した[1]。この調査から需要推計まで一貫した科学的プロセスは、その後の日本の都市圏総合交通計画策定のモデルとなった (図5-1)。

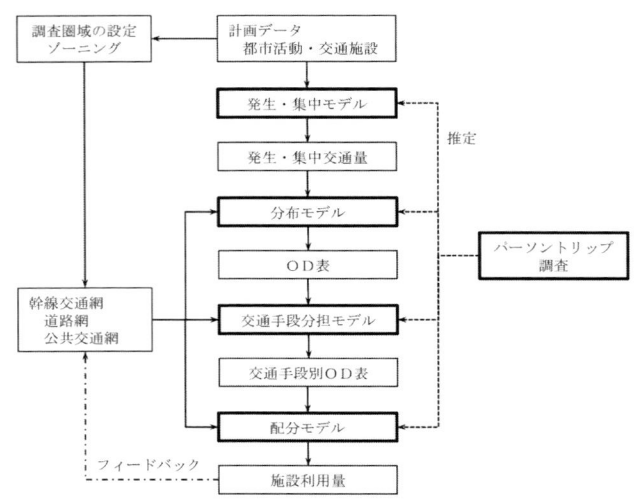

図5-1　都市圏交通計画における4段階推定法のプロセス[2]一部修正

広島市

　HATS I が提案した広島都市圏総合交通体系の基本的な整備方針（図 5-2(a)、(b)）は、今日の広島都市圏交通網の原型を成す。

図 5-2(a)　幹線道路網計画図 [1]

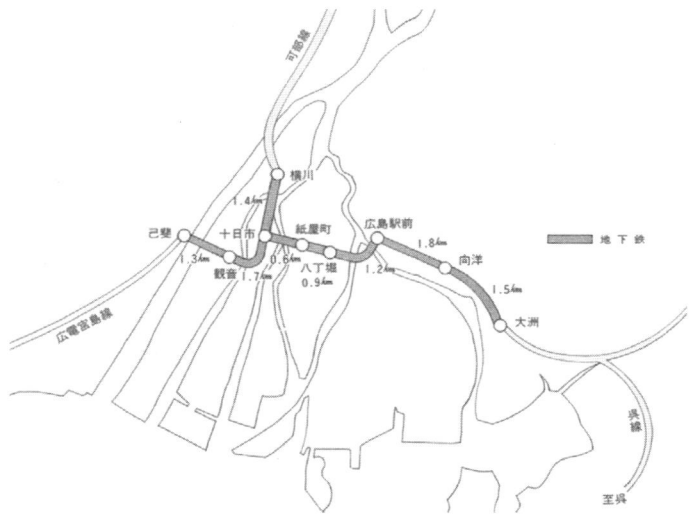

図 5-2(b)　軌道系交通網計画図 [1]

　広島都市交通問題懇談会が都市交通体系の基本的な整備方針を提案して解散した後、その提案をより具体化し、事業化することを目的として、国、県、市、商工会議所等の関係機関で構成する広島都市交通研究会が 1970

年に設置され、計画案の一部修正（HATS II）を行いながら、具体的な整備方針について様々な検討を行った。幹線道路網では7路線の都市内高速道路計画、軌道系交通網ではHATS Iの地下鉄計画の具体的なルートを提案した[3]（図 5-3(a)、(b)）。

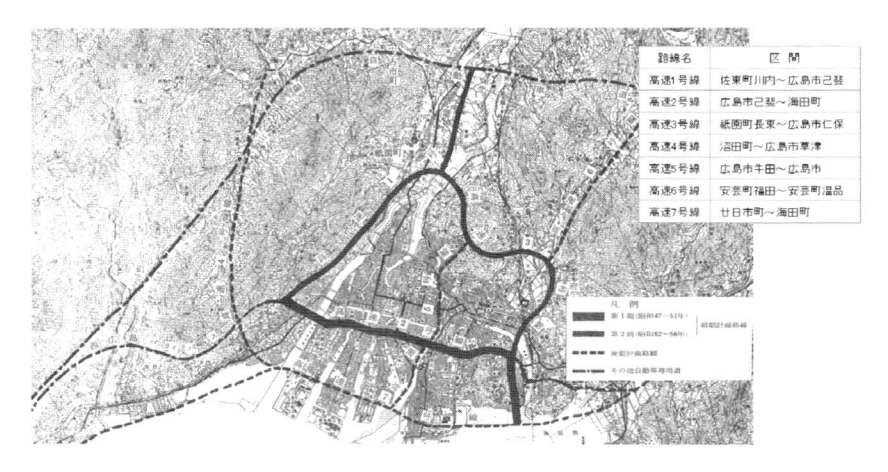

図 5-3(a)　幹線道路網計画[3]

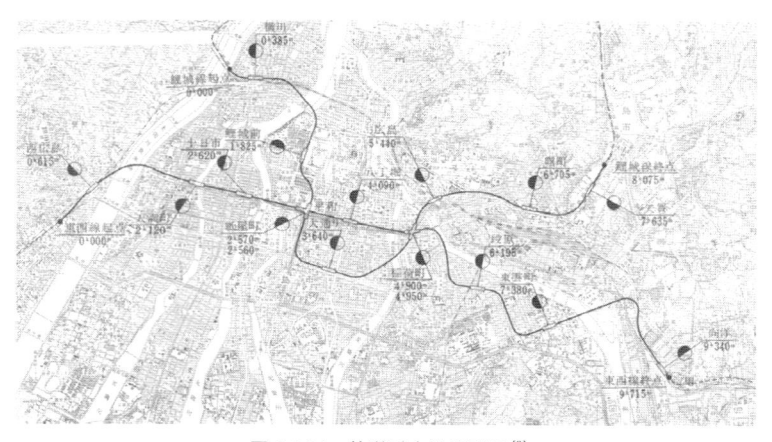

図 5-3(b)　軌道系交通網計画[3]

(2) 社会情勢の変化と交通まちづくりの基本構想の見直し

その後、幹線道路網計画の高速1号線から7号線の各路線について路線調査を進めるなか、急激な市街地開発の進展で調整が困難な状態が続いたため、1973年に設置した広島周辺幹線道路網整備連絡協議会で道路ネッ

トワークやルート、構造について、総合的な見直しが行われた。その結果、HATS Iで提案された放射環状型から、東西方向は山陽自動車道と国道2号および広島南道路で、南北方向は3本の道路（祇園新道、安芸府中道路、草津沼田道路）で分担する格子型に見直された。

　一方、軌道系交通網計画については、1974年に設置された広島地方陸上交通審議会で検討された。広島市北西部以外の地域の交通需要に対しては、既存の交通施設を充実・強化することで需要を満たすことができるが、北西方面とデルタ間の交通需要に対して容量が不足し、この対策として広島都市交通研究会のHATS IIの提案内容に沿って、国鉄可部線の複線高架化とこれに連絡して都心に至る地下鉄鯉城線建設が必要との結論に至った[4]。しかし、オイルショックによる経済不況などの影響により、同審議会の地下鉄案の実現に向けた動きは手詰まりの状態となり、1977年の祇園新道の都市計画決定の際に「新交通システムの導入促進を図ること」という付帯意見が付けられ、新交通システム構想の具体化に向け動き始めた。

(3)　交通需要推計の見直し

　HATS以降、交通まちづくりの構想が大幅に変わり、事業主体、事業化のスケジュール等を考慮した現実性のある総合交通体系の整備計画が必要になった。加えて、基礎的データが社会変化に対応できなくなってきたことから、1978年に総合交通体系調査を実施した。この調査は1967年のような本格的なPT調査（抽出率5％）ではなく、抽出率が1.3％の規模が限定されたミニPT調査であった[5]。

　交通需要推計の目標年次を12年後の1990年と定め、4段階推計のうち分布交通については現在パターン法、交通機関別分担については現在パターン法と分担率曲線法の併用による方法により推計した（需要推計手法の詳細は文献[6]を参照されたい）。

　推計結果に基づき、幹線道路網計画（図5-4）については、HATS IおよびHATS IIで計画された幹線道路の中には実現性が困難な環状型の高速道路があり、需要の面から一部見直しを行った。具体的には、山陽自動車道、広島南道路（HATS高速7号）、草津沼田道路（HATS高速4号）および安芸府中道路（HATS高速6号）によって環状的な幹線道路網を形成し、これにより、東広島バイパスなど必要な放射道路を結ぶことにより、都市圏の幹線道路網を構成する計画案が現実的であるとの見直しを行った。

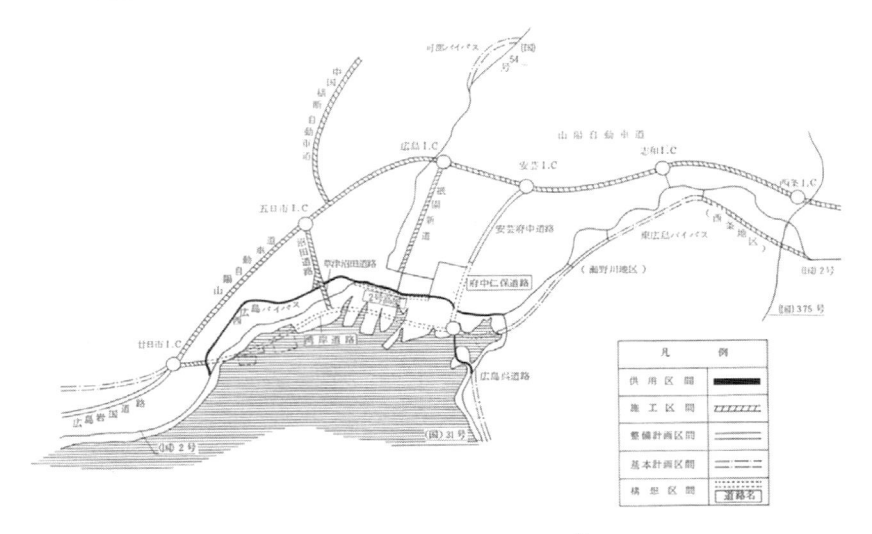

図 5-4　幹線道路網計画 [5]

　軌道系交通網については、都市スプロールによる北方面の交通量の伸びに対するために新しい交通機関導入の検討が必要と提案され、後の新交通システム建設へと発展する。

社会情勢の変化に対応した交通まちづくり
(1)　第 2 回広島都市圏総合交通体系調査
　1967 年の第 1 回 PT 調査以降、自動車保有台数の急増、周辺部での急激な宅地開発、西風新都などの大規模な開発プロジェクトが進行し、都市圏全体のバランスの取れた整備を目指した総合的観点からの交通計画の策定が早急の課題となった。加えて、交通データの更新も必要であったことから、1987 年広島都市圏交通計画協議会を設立し、広島都市圏で 20 年ぶり 2 回目となる本格的な PT 調査を実施した[7]。第 1 回 PT 調査から調査内容が一部見直され、通勤アンケート調査、事業所アンケート調査などが追加された。
　交通需要推計の予測年次を 2010 年に定め、分布交通予測にはグラビティモデル、交通機関別分担予測には集計ロジットモデルを採用するなど、第 1 回 PT 調査時から推計手法の見直しがなされた（図 5-5）。

広島市　107

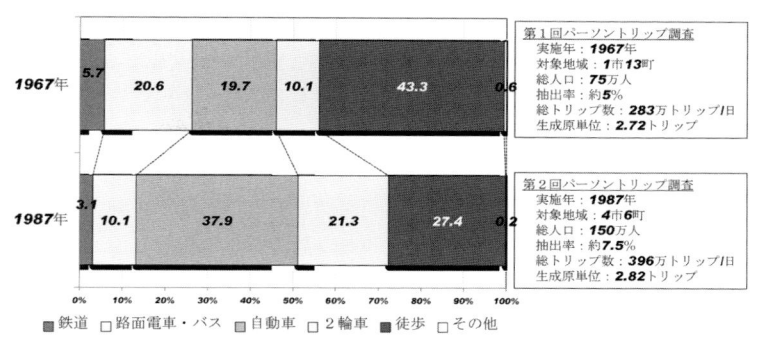

図 5-5　第1回および第2回広島都市圏総合交通体系調査の結果の比較 [1], [7] 一部修正

このとき、社会情勢の変化に応じる形で、交通網計画にいくつかの新たな視点が加わった。例えば、全国的な自動車交通ネットワークの整備が進んだことを受け、その枢要部分を形成する都市間高規格幹線道路と広島都市圏の主要な道路軸となる都市内放射・環状型道路（周辺市街地環状、中心市街地環状、都心部環状）を連携させて信頼性の高い道路網を形成するという方針が明確にされた。この道路網計画は、1992年に広島周辺幹線道路網整備連絡協議会により、3環状6放射のネットワークの形成と高速性・定時性機能の強化を図る観点から、自動車専用道路等の計画を明確にした幹線道路整備の基本的な考え方が取りまとめられた[8]（図 5-6(a)）。

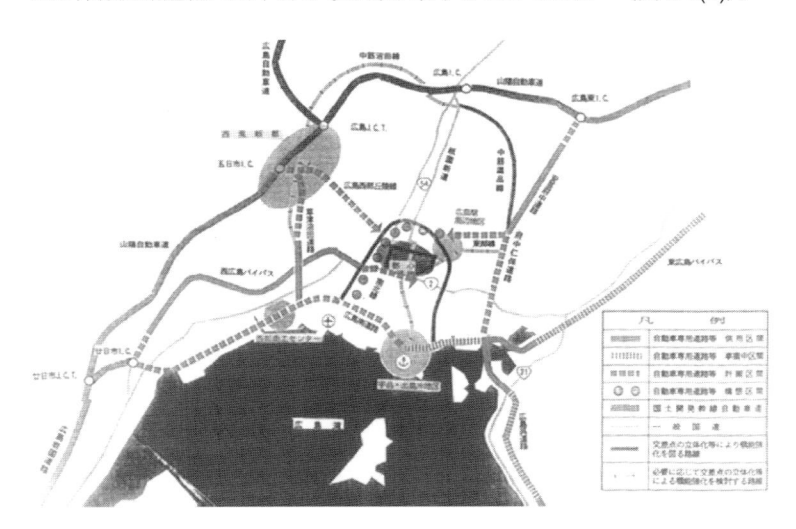

図 5-6(a)　幹線道路網計画図（1992年）[8]

軌道系交通網計画については、既定計画の新交通システム（本通り～沼田）に加え、新たな軌道系公共交通機関3路線を導入し、公共交通機関の幹線軸の形成を促進する計画と改定される（図 5-6(b)）。その4年後の1991年に公共交通施設長期計画策定委員会（八十島委員会）を設置し、新たな軌道系公共交通機関3路線の機種、ルート等について具体的に検討し、市議会に設置された都市交通問題調査特別委員会での議論を経て、1999年に新たな公共交通体系づくりの基本計画へと発展する。

図 5-6(b)　軌道系交通網計画図（1992 年）[9]

(2) 総合交通戦略の策定

その後、広島市は、人口の伸びの鈍化や、高齢化の進展といった社会・経済情勢の大きな変化を踏まえ、自動車交通と公共交通機関の分担関係を整理し、交通処理上からも大きな課題がある中心市街地（デルタ市街地）における幹線道路網のあり方について検討した。それまでの都市スプロールにより拡大した都市郊外部から都心へのアクセス需要へ対応する交通計画から、中心市街地の交通に視点を移すことになった。

2008年、総合交通戦略策定の基礎資料を得ることを目的として交通実態調査を実施した。住民アンケートとターミナル調査だけからなる簡易型PT調査であり、調査対象を広島市域内の居住者（抽出率12.5％）に絞った点に特徴がある。この簡易型PT調査データを基に、「新たな交通ビジョン」と「交通ビジョン推進プログラム」から構成される「広島市総合交

戦略」を策定した[10]。2008～17年度の間に、45の公共交通施策、95の道路関連施策、8の交通需要マネジメント施策の合計148施策の取り組み目標を掲げている（図5-7）。

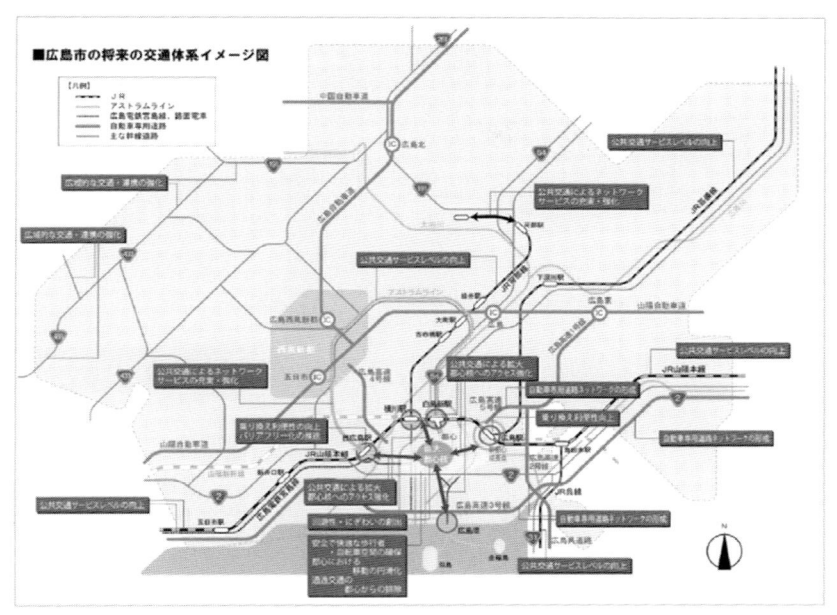

図5-7 広島市都市交通戦略[10]

需要誘導型の交通計画へ
(1) 成熟社会における地方都市の交通計画

2013年、広島市は「集約型都市構造」を基本コンセプトに据えた都市計画マスタープランを改訂した[11]。その背景にある都市課題は、①四大跡地の活用検討、②西風新都の整備、③広島駅前の再開発、④自転車利便性の高い都市づくり、⑤郊外住宅団地問題であり、これらの課題はいずれも交通まちづくりに強く関連する事項である。

近年、全国の都市で、高度経済成長期に大量に造成された住宅団地における高齢化、少子化、孤立化、買い物弱者、孤独死などが報じられるようになり、郊外の住宅団地では、生活の利便性の低下や地域活動の衰退などの問題に直面している。広島市内の住宅団地における高齢化の問題も看過できない。市内には、区域が特定できる開発面積5ha以上のもので、2013年3月31日時点で開発が完了している住宅団地が169団地ある。うち約3割（57団地）で高齢化率が30％を超えており、なかには40％となって

いる団地もある。開発時期が古い団地ほど高齢化率が高い傾向にあり、昭和50年代以前の団地の約8割が、市全体の高齢化率を上回っている状況にある。

そこで広島市は、市街地の無秩序な拡散を抑制し、公共交通にアクセスしやすい場所に居住機能、生活サービス機能などを集積する「集約型都市構造」への転換を目指している。この都市構造は広島市中心部と12の拠点地区から成り、集積によって活性化が志向される地区とそうでない地区とを明確に区別することを意味する。例えば拠点地区では、地区内の生活関連施設を充実させることを通じてアクセシビリティの維持・向上を図る施策が求められる一方で、非拠点地区では現在の居住者の生活の質を維持しつつ、目標とする都市構造に向けてソフトランディングすることを視座に捉えた方策の検討が求められている[12]（図5-8）。

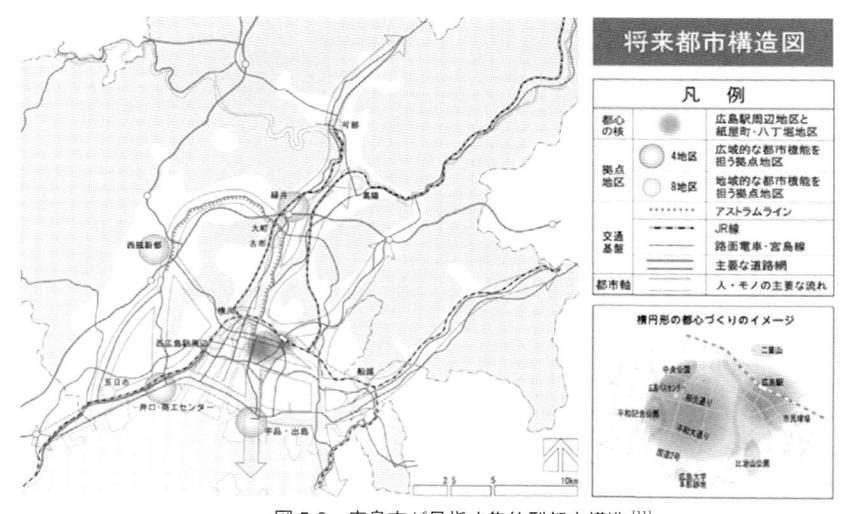

図5-8　広島市が目指す集約型都市構造[11]

(2) 安全・安心な集約型都市構造の実現に向けて

都市化、郊外化が進む成長社会において、市場データを基礎とした科学的需要推計の手続きが施設整備を中心とした交通まちづくりの推進力となってきたことは疑いの余地がない。一方、高齢化が進展し都市の郊外化が一段落した社会では、変化したOD需要パターンに適応する受動型交通まちづくりから、求める都市像に向けて需要を誘導する能動型交通まちづくりへと転換が必要となる。

集約型都市構造への転換を始めた広島市では、今、集約される地区と集

約する地区を結ぶ都市交通計画と、双方の地区の維持・管理方策に資する地区交通計画の間のジレンマ問題を緩和するための新たな科学的手法が求められている。そのために、通勤・業務といった1日で閉じた典型的な生活様式から派生する交通需要を捉える従来のPTデータの利用から、通院・私用といった不定期な交通供給サービスを継続的に捉える高解像ビッグデータ等の利用へ視点が広がりつつある。

　三方が山々に囲まれ、南は瀬戸内海に面し、全市域905km^{2}のうち平地部が約17％にしか過ぎない広島市では、都市スプロールの進展は他の大都市ほど顕著ではないものの、狭い平地を高度に利用した都市づくり、郊外丘陵部を開発した宅地づくりがなされてきた。こうした地理的特性のため、古くからある居住区域と土砂災害危険箇所との重なりが大きい。1999年および2014年の発災を受けて、経済効率の視点に加えて、安全・安心の視点からも集約型都市構造の実現が求められている。

[出典・参考文献]
[1] 広島都市交通問題懇談会：『広島の都市交通の現状と将来 I, II』、大蔵省印刷局、1971年
[2] 新谷洋二編著：『都市交通計画 第2版』、技報堂出版、p.84、2003年
[3] 広島都市交通研究会：「広島都市高速鉄道計画」、1973年
[4] 広島地方陸上交通審議会：「広島都市圏における大量旅客輸送体系の基本計画に関する答申」、広島陸運局編、1975年
[5] 広島県・広島市：「広島都市圏総合交通体系調査報告書」、1980年
[6] 前掲[2]、pp.89-93
[7] 広島都市圏交通計画協議会：「広島都市圏パーソントリップ調査報告書 総集編」、1990年
[8] 広島周辺幹線道路網整備連絡協議会：「広島都市圏幹線道路網計画」、1992年
[9] 公共交通施設長期計画策定委員会、1991年
[10] 広島市：「広島市総合交通戦略（交通ビジョン＆プログラム）」、2010年
[11] 広島市：「広島市都市計画マスタープラン」、2013年
[12] 藤原章正編著：『ニュータウン再生に係るジレンマ問題に関する基礎的研究』、日交研シリーズ A-604、公益社団法人日本交通政策研究会、2014年

6. 京都市:「歩くまち・京都」の試みと実践

交通まちづくりと「歩くまち」

　我々の日々の生活において、必要となる距離を克服する方法として交通がある。その際に、可能な限り安全で快適、便利な移動を支える交通手段として自動車が圧倒的に支持されてきた。一方、自動車の利便性を阻害するものとして混雑や渋滞があり、これを解決するために幹線道路の整備をはじめとする様々な交通政策が実施されてきた。

　しかし、こうした自動車の快適な走行を重視する交通政策を進めていくうちに、我々は「自動車による便利や快適」以外の価値を毀損してきたのではないか。**写真 6-1** は、2つの都市の一断面を切り取った写真である。著者はこれまで、様々な講演等の機会にAとBのまちの「どちらが好きか?」という設問をしてきた。Aを支持する人たちは5%程度であり、残りの95%程度の人たちはBを支持している。Aを支持する理由はいつも同じで「便利そう」「自動車が走りやすそう」である。一方、Bを支持する人たちは「情緒がある」「訪問したい」「愉しそう」「住んでみたい」というものが多い。Aでは自動車は快適に走行できるが、歩行者の姿を見ることは稀である。一方、Bでは自動車の走行が快適かどうかはわからないが、多くの歩行者が歩いて愉しむことができる町並みとなっている。

写真 6-1　どちらのまちが好き?

　我々は幹線道路機能を強化するためにAの整備に力を注いできたが、生活を魅力的なものにするためにはBのような町並みの価値を大切にし、

保全・整備していくことについても注目をすることが必要となってきたのである。

　こうしたことを視野に入れて、「交通まちづくり」では交通政策だけでなく都市政策と一体となって、魅力あるまちづくりを推進することが期待されている。

　魅力あるまちの形成という視点に加えて、過度な自動車への依存による環境負荷の増大からの転換や、歩くことによる健康増進効果への期待などから自治体の交通政策として「歩くまち」への注目が集まっている。

　この章では、「歩くまち」の具体的な取り組みを進めている京都市のケースについて論述するものである。なお、京都市は周知のように歴史都市であり、観光都市でもあるが、145万人を超える人口を擁する産業都市でもあり、大都市としての表情を持つ都心部から山間の過疎地までをそのエリア内に持つ多様性を内包する都市である。

「歩くまち・京都」憲章

　京都市では2010年1月に「『歩くまち・京都』憲章」が制定された（図6-1）。これは市が制定する憲章として1956年の「京都市民憲章」、2007年の「子どもを共に育む市民憲章」に続く3つ目のものである。憲章として位置づけをしたということは、市の都市政策の方針として「歩くまち」の実現をめざすことを明示したものであると考えられる。

図6-1　「歩くまち・京都」憲章の表紙と本文

　この憲章でイメージされている「歩くまち・京都」は、憲章の冊子の表紙の絵に、まちの中にある自動車は小型のバスのみで、低層の建築物の町並みに車椅子の人やベビーカーを押す人たちなどをはじめ多くの人たちがまちに溢れて賑わっている様子として描かれている。

この憲章は「前文」と「本文」から構成され、本文は図6-1に示したとおりである。

前文には、京都では、かつて「(前略)だれもが安心して快適に歩くことができるまちを造り上げてきました。しかし、クルマを中心とする生活が急激に進展する時代の中で、こうしたまちの魅力が損なわれています。(中略)行き交う人々こそがまちの賑わいと活力の重要な源泉であり、歩くことこそは健康や環境にも望ましいものです。こうような認識のもと、世界の範となる『人が主役の魅力あるまちづくり』を推進するため、ここに『歩くまち・京都』憲章を定めます」と記述されている。

まさに、交通政策や都市政策だけでなく、京都市の行政の大きな方向を「歩くまち・京都」と定めたものとなっている。また、図6-1に示した「本文」では「市民一人ひとりは…」、「市民と行政が一体となって…」と明記されているように、市の役割だけでなく市民についても意識を共有し活動の推進を期待するものとなっている。

「憲章」制定の背景

京都市は、先に145万人を擁する大都市であると述べたように、多様な背景を持つ住民や企業が立地している。そのために、1つの政策を巡って賛否が分かれ主張が錯綜してきたことも少なくない。例えば、景観問題については、限られた市街地面積では建築物を高層化することで使用可能な床面積が増え経済活性化につながるという意見と、京都らしい景観を保全するためには建築物の高さ規制をさらに低く抑えるべきであるという意見が何度も対立することがあった。

「歩くまち・京都」憲章の制定についても、自動車を日常的に使っている人たち、特に業務で不可欠とする人たちからは、「歩くまち」よりも自動車交通の渋滞問題への対応を優先することを望む意見も存在する。しかし、議会を含めて「歩くまち・京都」憲章の制定について、大きな反対意見はなく前向きに受け止められてきた。

その背景を考えるために、憲章制定までの都市政策をまとめたものが表6-1である。

2000年の京都市基本計画(第Ⅰ期)で初めて「歩くまち・京都」という言葉が用いられ、これを受けて2003年には「『歩くまち・京都』交通まちづくりプラン」が作成されている。ここでは「歩くまち・京都」を実現するために交通需要マネジメント施策として、中心部での荷捌き整序化、観光地でのパークアンドライド、自動車利用抑制のための「ノーマイカーデー」の取り組み、トランジットモールやLRT導入に関する検討などが

表 6-1 「歩くまち・京都」憲章制定までの年譜

年度	出来事	概　要
1994	古都京都の文化遺産（世界遺産登録）	17 カ所中 14 カ所が京都市内
1997	第 3 回気候変動枠組条約締結国会議（COP3）	地球温暖化防止京都会議（COP3）
2000	京都市基本計画（第 I 期）	はじめて「歩くまち・京都」という言葉が用いられる
	観光客 5000 万人構想	
2001	観光地交通対策	嵐山でパークアンドライドの社会実験
2003～	観光地交通対策	社会実験を経て、パークアンドライドを本格実施
2003	「歩くまち・京都」交通まちづくりプラン、京都市 TDM 施策総合計画	基本計画を受け、「歩くまち・京都」の実現を目指して策定
2005	LRT など新しい公共交通システムの検討	LRT は京都にとって効果が大きい一方で、車線の減少などに伴う自動車交通など他の交通手段に与える影響や財政上の問題など様々な課題の把握
2006	LRT の社会実験	今出川通において車線数減少の社会実験
2007	新景観政策	都心部における高さ規制の強化など
	歩いて楽しいまちなか戦略	四条通のトランジットモール化の社会実験
2008	地下鉄東西線太秦天神川まで延伸	
2010	「歩くまち・京都」憲章	京都市 3 つ目の憲章
	「歩くまち・京都」総合交通戦略	「歩くまち・京都」の実現を目指した京都にふさわしい交通政策のマスタープラン
	「京都市駐車施設に関する基本計画」及び「京都市駐車場整備地区における駐車場整備計画」の改定	都心における附置義務駐車場の緩和などを盛り込む
2010～	「歩くまち・京都」公共交通ネットワーク	京都フリーパスの発行や共通案内板の設置
	「スローライフ京都」大作戦（プロジェクト）	モビリティー・マネジメントを全市に展開

明記されている。

このプランを受けて 2005 年～2006 年には LRT 導入に関する検討や運行に関する社会実験の取り組み、また 2007 年には「歩いて楽しいまちなか戦略」として都心部の幹線道路である四条通において 10 月 12 日（金）から 3 日間の歩道拡幅の社会実験が行われることになった。

こうした政策は都市計画局交通政策室が中心となって実施されてきたのであるが、さらに市全体の取り組みとすることと、市民にも認知を拡大するために憲章を制定することになったと考えられる。憲章制定以降は交通政策室が都市計画局歩くまち京都推進室となり、スタッフも強化され局長級の交通政策監が置かれることとなった。

「歩くまち・京都」という政策の推進と憲章制定に至るまでの背景については、次の 5 点があったものと考えられる。

① 1997 年の COP3（気候変動枠組条約第 3 回締約国会議）で、我が国は目標年次までに二酸化炭素など温室効果ガスを基準年に比べて 6％削減目標とした。この会議が京都市内で開催されたこともあり、環境モデル都市の指定を受けるなど行政の環境重視の政策展開だけでなく、市民の側にも環境負荷の軽減などに関する意識が高まることと

② 和装産業衰退などに対して産業活性化のためには、観光産業振興が重要であるということで、年間 3,000 万人程度であった観光客数を 2000 年に「観光集客 5,000 万人構想」を京都市は打ち出した。その実現のためには、地元商業者などの主体的な取り組みが不可欠となる。そして、これは目標年次の 2010 年を待たずに 2008 年に達成されたことも、市民の大きな自信につながってきた。

③ 2007 年の「新景観政策」では、京都らしい景観を守るために、これまで景観論争が続いていた建築物の高さ制限などについて、都心部の幹線道路沿いでも最高限度を 45m から 31m とするダウンゾーニングや、屋外広告物の規制強化をはじめとする政策を推進することが決まった。これについて、京都の経済界なども基本的に賛同することで実現することになった。この大きな変更は、市の政策が転換したことを市民に強く印象づけるものとなった。

④ 京都市交通局は地下鉄事業を推進することで多大な工事費を必要としたため、多くの負債を抱えることとなった。例えば 2008 年度の経常収入は 260 億円であり、人件費・線路使用料等の運行にかかる経費 186 億円を上回っているものの、支払い利息と減価償却費などのために経常損益は 144 億円の赤字であった。さらに累積欠損金は 3,042 億円[1]と膨大なものとなっていた。この対策として交通局では、人件費を含む様々な経費の削減とともに、収入増加策として 2009 年の 32.7 万人/日の利用者数に加えて 5 万人/日の増加施策に取り組まれることになった。目標達成のためには、交通局が実施するバス・鉄道のサービス向上策だけでなく、京都市全体の政策として地下鉄沿線における大学などの誘致をはじめとするまちづくり政策とともに、市民に対する自動車から公共交通への転換策にも取り組まれることとなった。

⑤ 大阪に本社があった金融機関などの東京移転などに象徴される関西経済の地盤沈下は、京都市にも有形無形の影響を及ぼしている。さらに 2011 年頃には、JR 大阪駅周辺に大規模な百貨店の立地やリニューアルが予定されていた。このため、大阪駅前の商圏が京都市にも拡大することへの危惧があり、京都の商業の魅力向上策を推進する必要があった。また、都心部に自動車で来街する消費者が必ずしも上客であるとは限らないことも明らかになってきた[2]。

これら 5 点は一般市民から産業界の人たちなど立場が異なる様々な人たちに対して、魅力ある京都のまちづくりを進めるためには「歩くまち」を

推進することが必要だという共通認識を形成する役割を果たしたものと考えられる。

「歩くまち・京都」総合交通戦略

憲章を実現するために、京都市では合計88のプロジェクトから構成される「『歩くまち・京都』総合交通戦略」（以下、総合交通戦略という）が憲章制定と同じ2010年に策定された。

総合交通戦略では2000年の京阪神都市圏パーソントリップ調査（PT調査）結果をもとに数値目標を設定している（表6-2）。目標では、自動車の交通手段分担率を28％から8ポイント超下げて20％以下に、鉄（軌）道とバスの交通手段分担率をそれぞれ4ポイントずつ増加の20％と10％にすることを目標としている。現況の自動車交通手段分担率28％は、例えば富山市の1999年のPT調査の自動車交通手段分担率は72％であり、こうした都市圏と比較するとかなり低い水準であることがわかる。こうした状況で、さらに自動車利用からの転換を目指すことを目標としているのである。

表6-2「歩くまち・京都」総合交通戦略の数値目標（交通手段別分担率）[3]

	現　在	目　標
非自動車分担率	約7.2%	80%超
自動車	28%	20%以下
鉄（軌）道	16%	20%
バス	6%	10%
徒歩・二輪	50%	50%超

注）現在の値は、2000年京阪神都市圏パーソントリップ調査結果より

この実現は、単に公共交通の充実に取り組むだけでは容易ではない。そこで総合交通戦略では、図6-2に示すように既存の公共交通に関する施策群だけでなく、歩いてまちを楽しむライフスタイルへの転換を意図するソフト系の政策群と、まちづくりに関する施策群から構成される3つの柱と、これらの取り組みの相乗効果を意図したものとなっている。3つの柱中に合計88の施策が含まれている。

① 「既存公共交通」の取り組み：既存の公共交通を再編強化し、使いやすさを世界トップレベルにする。公共交通の利便性向上施策や効果的な情報提供策などの施策群から構成される。

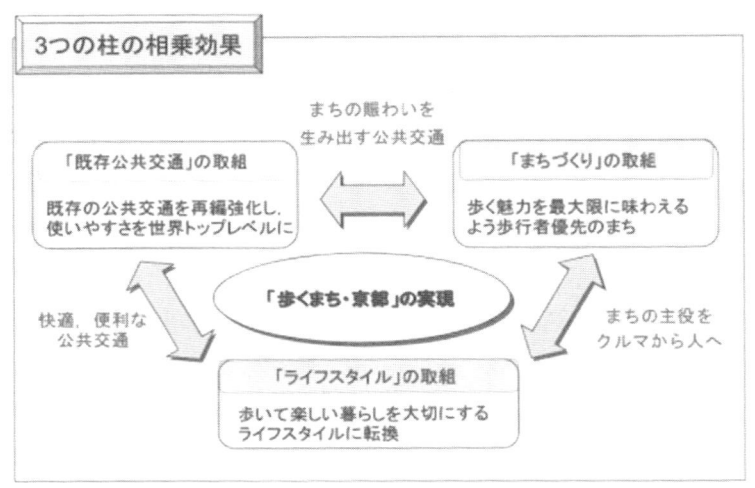

図 6-2 「歩くまち・京都」総合交通戦略の 3 つの柱 [4]

② 「まちづくり」の取り組み：歩く魅力を最大限に味わえるよう歩行者優先のまちをつくる。トランジットモール、新しい公共交通システム（LRT や BRT）の導入検討、駐車場施策の見直し、ロードプライシングやカーシェアリング導入検討等の施策群から構成される。
③ 「ライフスタイル」の取り組み：歩いて楽しい暮らしを大切にするライフスタイルに転換する。家庭・学校・職場等におけるモビリティ・マネジメント、「歩くまち・京都」憲章の普及・啓発などの施策群から構成される。

3 つの柱の中で、既に実現された施策の一部を次に提示する。
① 「既存公共交通」の取り組み：京都フリーパス

2010 年から取り組みが行われている。既存公共交通のネットワークを活かした使い勝手の良い乗車券の発行により、公共交通サービスの向上を図り、京都市への自動車流入の抑制を意図したものである。具体的には、京都市に乗り入れている鉄道・バス事業者（JR 西日本、京都市交通局、京阪、阪急、近鉄、京福、叡電など合計 15 社局）が共同で 1 日券（大人 2,000 円）を発行するものである。この 1 日券を持つことで、複数の公共交通を利用しても、併算初乗り運賃の支払いをする必要がなくなる。こうした関係各社の協議により連携が進み、公共交通に関する情報提供アプリ「バス・鉄道の達人」の開発と提供などの取り組みも進展することになった。
② 「まちづくり」の取り組み：歩いて楽しいまちなかゾーンの整備
都心部の中心にあたる歴史的都心地区（四条通、河原町通、御池通、烏

丸通に囲まれた約 1.1km² のエリア）を「歩いて楽しいまちなかゾーン」として、通過交通の削減と歩行空間の確保を目指している。ゾーン内の細街路の交通規制は 20km/h であり、既に「ゾーン 20」であったが、通行車両からは特に意識されることもなかった。そこで 2012 年の実験を踏まえて 2013 年度から本格的に、細街路について路側帯を拡幅する（車道幅員を 4m から 3m に狭小化し、路側線を引き直す）ことで自動車の速度の低下と歩行者空間の確保、さらに道路中心側に自転車用カラーラインの設置を行ったものである（写真 6-2）。

写真 6-2　歩いて楽しいまちなかゾーンの細街路と制限速度 20km/h の標識

③　「ライフスタイル」の取り組み：「スローライフ京都」大作戦

人々の生活を人と公共交通優先とし、健康や環境、まちの活力にも良い、自動車に頼りすぎない暮らしに転換をしてもらうため、「スローライフ京都」大作戦と名づけた大規模なモビリティ・マネジメントを実施している。この中では、ドライバーが多く聴いていると考えられるラジオ放送の活用、教育現場、住民対象など様々なモビリティ・マネジメントに取り組んでいる。こうした一連の活動が評価されて、2012 年の日本モビリティ・マネジメント会議（JCOMM）で京都市は JCOMM マネジメント賞を受賞している。

四条通の歩道拡幅

四条通は京都市の都心部を東西に貫く幅員 22m のメインストリートで、東端は東山の麓に位置する八坂神社につながっている。その沿道には八坂神社の門前に拡がる祇園や、大丸、藤井大丸、高島屋などの百貨店や多く

の商店街をはじめとする商業集積、金融機関など多くのオフィスが立地し、京都でも最も賑わっている道路である。また、毎年7月に行われる祇園祭では山鉾が巡行し、その前夜数日間の宵山では夕刻から歩行者天国となる。また、周辺には錦小路などがあることで観光エリアとしても知られている。

4車線の道路は慢性的に渋滞が発生している。ここには、かつては市電が敷設されていたが1970年代に撤去された。そして現在も公共交通が集中し、特に烏丸通〜川端通間、約1,120mを通るバスは、京都市バス・京都バス・京阪バスなど合わせて38路線、鉄道は四条通の地下に阪急京都線、烏丸通の南北方向に市営地下鉄烏丸線、川端通には京阪本線の3路線がある。

歩道は道路の両側に3.5mのものが整備されているが、休日などは人が溢れんばかりの状況となっている（写真6-3）。

写真6-3　四条通の歩道の混雑（休日）

この状況を改善し、「総合交通戦略」を推進するための象徴的な施策＝シンボルプロジェクトとして「四条通のトランジットモール化」が打ち出された。ここが大きく変われば「歩くまち・京都」が誰の目にもわかりやすく提示されることになる。

2007年には4車線の車道を2車線に狭めてバスとタクシーのみの通行にした、歩道拡幅を行う社会実験が10月の3日間実施された（写真6-4）。

この社会実験では、四条通と交差する南北方向の細街路についても交通規制が行われるなど、本格実施の際の影響を把握することなどを目的として実施されたが、市民が四条通の歩道拡幅の効果を体感することにも意味があった。

この後、京都市と地元商店街、交通警察などとの協議が続き、2012年1月に烏丸通〜川端通間約1,120mの車道の2車線化と歩道を3.5mから

写真 6-4　四条通歩道拡幅実験（2007 年 10 月）

拡幅する都市計画決定が行われ、事業化が推進されることになった（図6-3）。

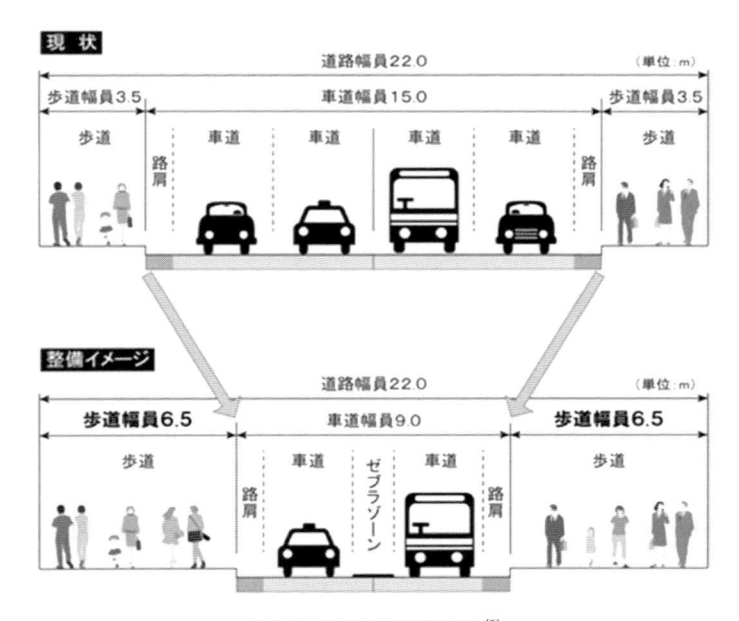

図 6-3　四条通の歩道拡幅 [5]

　こうした道路空間の再配分によって、公共交通が優先的に走行できる道路とすることが必要となる。ここで、烏丸通〜川端通間の四条通の歩道にはバス停留所が 16 カ所もあり、自動車の走行との錯綜によりバスの走行を阻害しているところがある。また、バス停留所前に駐車車両があること

でバスを歩道に寄せ付けること（正着）ができず、乗客はバス停留所の歩道からいったん車道におりて、バスの入口に行き乗車することが恒常的になっている。これでは低床式のバスを導入しても段差の解消にはならない。

そこで、こうした問題を解決するためにバス停留所を2カ所に集約するとともに、正着ができるようにバス停を車道側に張り出し、一度に複数のバスが停車できるバス停区間延長を確保したテラス型バス停留所を整備する計画となっている（図6-4）。

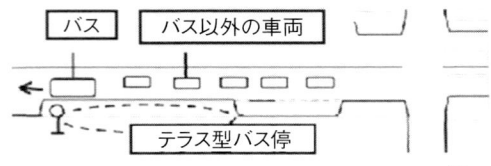

図6-4　四条通テラス型バス停留所のイメージ[6]

タクシーについては、バスの運行に支障しない場所で乗降できる場所の確保、荷さばきについても、路外荷さばきを進めた上で必要なスペースを確保する計画としている。さらに、緊急車両についても通行の確保を行うこととしている。

こうした内容を盛り込んだ四条通歩道拡幅は、2015年秋頃に竣工予定となっている。歩道拡幅とトランジットモールは異なるものであるが、まずは歩行空間の拡大と公共交通の優先を広く市民に提示し、「歩くまち・京都」の推進をさらに進める役割を担うものとなっている。

拡大する取り組み

「歩くまち・京都」は市の憲章であり、行政だけでなく様々な活動を多様な主体でも取り組まれることが期待されている。実際に様々な民間企業などが歩くまち・京都を支える活動を行っている。

都心来訪者の利便性向上による商業活性化を意図して、河原町や祇園から京都駅への「よるバス」運行を担う合名会社京都まちづくり交通研究所の宇津克実代表は、「交通問題は行政の仕事と考えていたが、現場で起こっているまちの賑わい問題解決のためには、交通に自分たちが関わっていくことが大事だと実感している」と語っている。そして、これまでの公共交通サービスで抜けていた視点で情報提供や観光事業などにも取り組まれている。さらに、事業所の集積が大きく進展しているが、公共交通のサービス水準が低い市南部の拠点と京都駅を結ぶバスである「京都らくなんエクスプレス（R'EX）」の導入と運行も担っている。

また、駐輪システムの導入を企業として取り組んでいる株式会社アーキエムズでは、路上や路外の駐輪場整備を行うことで道路上の放置自転車を削減し、歩きやすい空間の整備に寄与している（写真6-5）[7]。

写真6-5　綾小路御幸町の駐輪場整備で放置自転車がなくなった寺町通

　さらに、宅配事業者のヤマト運輸株式会社が鉄道事業者である京福電鉄嵐山線（嵐電）と協働して、「貨物」を運ぶ活動も2011年5月から始まっている。これはヤマト運輸が嵐電の朝ラッシュの逆方向の電車を借り切って、ここに嵐山方面行きの荷物を載せて運行するものである。これにより、ヤマト運輸は集配車両の削減と温室効果ガスの削減、嵐電は増収と相互に効果がある仕組みとなっている（図6-5）。

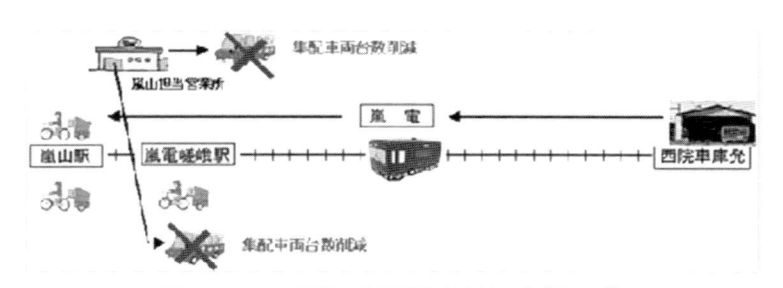

図6-5　ヤマト運輸と京福電鉄嵐山線の貨物運行[8]

　また、右京区の南太秦学区をはじめとして、地域の人たちによるバスの利用促進に関するモビリティ・マネジメントの活動[9]など、様々な取り組みが行われている。

　京都市交通局も、2010年3月に地下鉄烏丸線と東西線の終電時刻を統一し烏丸御池駅で相互接続する「シンデレラクロス」の実施など利便性の向上、2014年3月にはバス系統の大規模な再編などに取り組んでいる。また、地下鉄沿線では、同志社大学の文系学部の都心回帰をはじめ大規模

な施設立地も進んだこともあり、2013年の地下鉄の1日当たりの乗客数は 2009 年に比べて 2.2 万人／日増加の 34.8 万人／日となり、目標とする 5 万人増加に次第に近づきつつある。

「歩くまち・京都」と交通まちづくり

　「歩くまち・京都」を実現するために、京都市が予算化して取り組む施策だけでなく、企業、住民なども積極的な取り組みが見られる。四条通の歩道拡幅事業などについても、大きな方向については基本的に賛成を表明する企業・市民が多い。もちろん、現在も休日に都心の百貨店に自動車で出かける人たちは多く、都心の細街路はゆっくり歩行できる空間としてはまだまだ十分ではない。しかし、「歩くまち・京都」憲章で市民に提示された都市像は、市民の人たちにとって魅力あるまちの姿として基本的な了解が得られたものであるということができる。

　したがって、個々の施策の実施については、これからも様々な意見が出されてくると考えられるが、「歩くまち・京都」憲章で提示された都市像とその実現方向について、今後の後戻りはないと考えられる。

　それは、この憲章がこれからの時代の方向を先取りした内容であるからである。また、憲章が交通政策や都市政策の個別の施策を対象にしているのではなく、都市のあり方を行政と企業・市民が共有することを内容としているからである。まさに、この憲章を実現することで、魅力ある京都のまちの構築が可能となることを明示することができたからである。

　この都市像を実現するためには、市内の周辺部・都心部・ターミナル・観光地など相互を結ぶ公共交通等の充実や各地域での歩きやすさの確保などなど、まだまだ課題は多い。しかし、憲章制定以降は多くの施策が実現していくことで、自動車を使っている人たちも自身の過度な自動車利用を転換するなどの変化が生まれはじめている。

　市民のライフスタイルが変わることで、さらに歩くまちの政策は実現していくことが期待される。

[出典・参考文献]
[1] 京都市交通局：「平成 20 年度京都市交通事業決算概要」、2009 年
[2] 例えば、酒井弘・土井勉・安東直紀：「都心来訪者の交通行動及び消費行動の関係に関する研究」、土木計画学研究・講演集、No.44、2011 年
[3] 京都市：「『歩くまち・京都』総合交通戦略」、p.4、2010 年
[4] 前掲 [3]、p.7
[5] 京都市資料
[6] 京都市：「四条通の歩道拡幅と公共交通優先化について」、p.4、2012 年

[7]　土井勉他:『まちづくりDIY』、学芸出版社、pp.126-137、2014年
[8]　ヤマト運輸株式会社プレス資料、2011年5月18日
[9]　前掲[7]、pp.104-114
[10]　このほか、京都市「歩くまち・京都」推進会議資料（Web上で公開されている）を参考としている。

7. 恵那市・明知鉄道：公共交流機関としての　ローカル鉄道の価値と地域と連携したデザイン

ローカル鉄道の魅力と実態

　ガタン、ゴトン、ガタン、ゴトン。この音と車両の動きが挿入されると、田園風景は一気にざわめきだってくる。不思議なくらいにわくわくする。カメラを持った人はいさんでシャッターを切る。あるいは立ち止まって動きを目で追う。列車に向かって手を振る。日に何本という運行だから、なかなか出会えない。それだけにとてもラッキーな気分になる。わずか1、2分のドラマが終わると、田園風景は再び静けさを取り戻す。

　鉄道マニアでなくとも、多くの人にとってローカル鉄道のある風景は、懐かしさと暖かさを感じさせる。

　しかし、旅客輸送機関としての鉄道経営は厳しい。車の便利さには勝てない。通勤目的の利用は劇的に減り、主な利用者は車を使えない生徒と高齢者である。そのなかで、観光客をターゲットとした多種多様な工夫に力を入れて、生き残りの努力が続く。イベント列車、猫の駅長、映画やテレビのロケへの売り込み、駅舎や車両のデザイン刷新など、各地の取り組みは様々である。後背人口が激減する地域の鉄道の存続は、観光資源としての利用促進にかかっているためだ。

　こうした取り組みから交通まちづくりを考えることもできるが、ここでは、地域におけるローカル鉄道の意義、ローカル鉄道をめぐる地元の交通まちづくりについて考えてみたい。そのときのキーワードが、「公共交流機関」である。つまり、公共交通機関である鉄道は、実は、公共交流機関でもある、と考えるのである。そうすることによって、まちづくりの新しい発想が生まれるのではないだろうか。ここでは、明知鉄道の事例を通して考えてみたい（写真 7-1）。

明知鉄道での取り組み

　明知鉄道は、岐阜県恵那市の恵那駅から南へ、一部中津川市を通り、明智駅までの25kmをつなぐ鉄道である。1933年に国鉄明知線として開業した。日本最急勾配区間を含む2つの分水嶺を越え、農村景観日本一の称号を有する田園風景をかすめ、点在する人里や恵那山の遠望などの瞬きに彩られながら、小一時間の旅はあっという間に過ぎる。1984年には廃

写真 7-1　田園風景の中を行く明知鉄道　［撮影：河合隆當］

線対象路線となるが地元の熱意で存続が決まり、翌年から第三セクターとなった。「乗って残そう」のスローガンのもとに結集した地域の声で存続が決まったものの、車依存は進む一方で旅客は減少する。新駅の設置、バスダイヤとの連携、デュアルモードビークルの実証実験、会員料金制度、グッズの販売など、考え得る取り組みが次々と行われてきた。その中でグルメ列車として寒天やきのこなどの地元の名産品を使った料理を供する貸し切り列車は利用客を伸ばし、収益の減少傾向にわずかながら歯止めをかけるようになってきた。

　そうした交通機関としての取り組みが進むなかで、別の文脈から、明知鉄道の意味を考える動きをスタートさせた。それは、恵那市が 2008 年から着手した景観計画の検討における明知鉄道への注目であった。

地域資源としてのローカル鉄道を活かす

　恵那市は、2002 年に旧恵那市の南側にあった 5 自治体と合併した。明知鉄道は合併によって新たに恵那市に加わった通称「恵南」と呼ばれる地域を貫いていく（**図 7-1**）。景観計画においては、それぞれに個性がある地域ごとの景観まちづくりを尊重し、それらの連携によって持続的な地域の将来の暮らしを達成していくことを、基本的な考え方とした。2012 年にまとめられた恵那市景観計画では、その目指す景観像を、「山、農地、里、まちのつながりを大切にし、そこでの人々の暮らしがみえる風景」としている。

　こうした基本的考え方に立ったとき、中心市街地である恵那駅から地形と土地利用の変化に富むいくつかの領域を貫いて、駅という明確なノードを経由して走る明知鉄道は、恵那市の景観認識を形成する非常に重要な景観体験装置であると考えた。鉄道からの車窓風景、移動風景と、鉄道が走っている風景。さらに駅というそれぞれのまちや集落のへそとなる場所

図 7-1　恵那市地図と明知鉄道

のデザイン。これらは、地域の景観形成にとって、極めて重要である。これらの観点から明知鉄道について地域みんなで考えるために、2 つのワークショップを開催した。「明知鉄道の風景を考えるワークショップ」（2009 年 11 月）、と「明知鉄道の駅を考えるワークショップ」（2010 年 1 月）である（図 7-2）。

図 7-2　明知鉄道に関するワークショップのポスター

それぞれのワークショップの様子を以下に紹介しよう。

まず、風景を考えるワークショップ（**写真 7-2**）では、明知鉄道株式会社の今井祥一郎専務（故人）による明知鉄道を取り巻く現状の報告。ついで地元岩村の佐々木繁典さんから明知鉄道の心象風景を語っていただいた。さらに、早稲田大学の学生が都会の鉄道と対比した明知鉄道の乗車体験印象のプレゼンテーションを行った。その後、交通まちづくりの立場から原田昇、佐々木邦明、羽藤英二、景観まちづくりの立場から出村嘉史、山口敬太の各氏、地元の佐々木繁典さんをメンバーとして、佐々木葉のコーディネートでパネルディスカッションを行った。ディスカッションではまず、よそ者のメンバーが論点となるキーワードをパネルで提示した（**図 7-3**）。

写真 7-2　明知鉄道の風景を考えるワークショップの様子

図 7-3　パネルディスカッションで示された明知鉄道をめぐるまちづくりの論点

それぞれの提案は、
・道路において先行するシーニックバイウェイを参考にして、鉄道沿線の地域資源と連携してまちづくりをしていく。
・鉄道以外の多様な空間や活動を連鎖させること、鉄道をコミュニケー

ションツールとして地域の情報発信を行う。
　　・ローカル鉄道ならではのヒューマンスケールを活かして歩くことと鉄道を結びつける。
　　・何気ないがとても魅力的な沿線風景の価値を共有するために、八景のように地名を読み込んだ名前を付ける。
といったものであった。これらから様々な議論が参加者を含めて展開した後に、
　　① 明知鉄道の価値は高い、ということを実感する
　　② その価値を多くの人に共有してもらう
　　③ その価値を磨き、育てる
という目的のもとに、今後明知鉄道で取り組んでみたい社会実験として、以下の3点をパネリストが提案した。

＜提案1：価値の見える化＞
　明知鉄道および沿線地域の魅力と価値を伝える地図づくりを行う。そのために風景の名づけや俳句づくり、百景選定などを行っていく。

＜提案2：一人でも多くの人に乗ってもらう＞
　そのために様々な料金シミュレーション（家族割、サポーター割など）やユニークなダイヤのシミュレーション（お買いものデー、花金ダイヤなど）を行い、乗降客数や運賃・収益を想定してみる。

＜提案3：乗る、待つ、歩くをもっと楽しくする、おもてなしプロジェクト＞
　期間限定で駅にカフェやバーを開く。沿線近傍に働く風景を展開する。駅からのウォーキングコースを設定し、その途中におやすみどころを仮設的に設ける。

　以上の3つの提案に対して、会場の参加者の支持を求めたところ、提案3に最も多くの賛同が得られた。

　次に行われた「明知鉄道の駅を考えるワークショップ」では、篠原修政策研究大学院大学教授（当時）から、全国各地の駅や駅前広場のデザイン指導の経験を踏まえて、「生活貧乏から脱出」と題した基調講演をいただいた。そこでは、「駅というのは、かつて文明の取り入れ口であった。昭和9年に明知鉄道ができたときには、明智にも文明が届いた、ということであったと思う。しかし現在はそういう時代ではない。むしろ逆に、その地域ごとにはぐくまれた文化を、中央や海外に発信する拠点、基地として捉えるべき」という観点を示され、その方法としては、単に駅舎を立派に造ったり特徴あるデザインにするのではなく、駅の背後の地域の生活に目を向けて、「駅を居場所にする、駅に居場所を作る」というアイディアが示された。

ワークショップでは、駅舎および駅前広場の具体的なデザイン案が披露されるとともに、そこが居場所としての価値を持つことに注目するべきであるという論点が提示された。

　また、明知鉄道の駅と駅前広場の基本的な考え方として、佐々木葉から、「地域と人をつなぐ駅」として基本的なデザインの考え方としてこれまで恵那市や関係者と議論してきた結果を以下の3点として提示した。

① 地域コミュニティの中核

　駅は日常的なコミュニティの場であり、駅前は人中心の広場とする。

② 来訪者の玄関口としてのもてなし空間

　来訪者と地域住民の交流の場であり、地域の歴史的・空間的文脈を駅周辺に取り入れることによって、来訪者をまちに導く

③ 時間の流れに耐え得るデザイン

　機能を十分に満たしながら、単目的・短絡的でないデザインを心掛け、時を重ねるごとに魅力を増すような質の高いデザインとする。

　併せて会場には、上記考え方に基づいて(株)設計領域の吉谷崇、新堀大祐の両氏によってスタディされた岩村駅・山岡駅・明智駅を対象とした駅と駅前広場のデザインが、模型とともに披露された（**写真7-3**）。地域住民は、これらの模型を囲みながら自由に感想や意見を述べる時間を持った。その中で興味深かったのは、多くの人たちは、自分のまちの駅以外につい

写真7-3　明知鉄道の駅を考えるワークショップの様子と提示された模型
　［上2枚の提供：(株)設計領域］

てほとんど知らなかった、興味を持っていなかった、ということである。それぞれのまちでは熱心にまちづくりに取り組んでいる地域のリーダー的な人々が、意外にも隣接地域の人々や活動の情報を持っておらず、当然ながら連携が取れていなかったことが明らかになった。

　以上2回の明知鉄道をめぐるワークショップを通じて、移動手段として利用する交通機能をどうするかだけでなく、むしろ地域で暮らす時間の豊かさを提供するもの、またそうした時間やライフスタイルに価値を見いだす体験の機会を提供するものとして、ローカル鉄道を考えるというまなざしが明確になってきた。そこから、公共交流機関というコンセプトが生まれてきたのである。そして実際にも、その後の明知鉄道の駅と駅前広場の整備において、人々の居場所となる空間、地域の情報発信の場となる空間の整備が進んでいった。

「公共交流機関」としての機能

　公共交流機関としてローカル鉄道を考えることは、鉄道の利用者を単なる「乗降客」として数で把握するのではなく、様々な思いや感情を持った一人ひとりの人として捉えることである。また、不特定多数の人の利用に供するという「公共」であるということは、自家用車や貸し切りバスとは異なり、車内空間の共有、さらには駅での乗り降りなどにおいて他者との接点が生まれ、交流機会を高める。そうした利用者像のもとで、公共交流機関に求められる機能は以下のように整理できるだろう。

　① 移動・交通

　移動できること、どこかに行けることは、人の生活を豊かにする。その基本的機能をまず鉄道は担う。しかし公共交流として捉える移動・交通は、移動という行為と時間自体に価値が内包されると考える。通勤通学というわば必ずしも自発的でない目的での交通においても、その移動行為の付加価値を考えることが必要となる。運転間隔や営業時間という面で、都市の鉄道のようなサービスレベルが提供できないローカル鉄道では、速く便利という以外の移動体験の価値、例えば沿線風景を眺めることの価値などが考えられる。こうした価値に利用者は必ずしも気づいていないため、積極的に意識化させることも必要であろう。通院、買い物を目的とした移動、さらには観光客に対しては、こうした付加価値のポテンシャルはより高くなるため、より一層、移動行為・時間の価値を明確化することが大切となる。

　② 滞在・滞留

　待つこと、そこにとどまることが、交流機関としては重要な機能となる。待つことが充実することによって、滞在や滞留する空間や施設が「場所」

となり、さらにそこに積極的な意味を付与することで、「居場所」にすることができる。待つ時間が、潰す対象としての時間ではなく、目的となる時間となる。そのような滞在と滞留を可能とするプログラムと場の設計を考えることが必要となる。

③　情報交換・物質交換

交流とはコミュニケーションであり、情報の交換である。直接的な人と人との会話によるコミュニケーションから、文字によって提供される情報、さらに景観体験によって読み取ることができる情報など、多層的な情報交換があることをまず認識し、それぞれに対して直接的な仕掛けから、気づきのきっかけの提供など、異なるレベルでのプログラムを考える。また情報を載せた物質の獲得、すなわち意味由来、物語のある品々の提供も、交流においては重要となる。ローカル鉄道においては、「切符」はその最も代表的な例である。

④　教育

公共交流機関は、その利用者に対して、公共道徳と地域文化を伝える重要な教育の場としての機能を持つ。ルールによらない和やかな交流、コミュニケーションが成立するためには、そこに参加する一人ひとりの意識と文化性が問われる。これを醸成する場として、ローカル鉄道は非常に適している。ローカル鉄道を取り巻く様々な場において、公衆道徳に優れ、かつ地域の文化性の高さを感じさせるような場面が繰り返し展開されていることで、利用者は自ずとそれらを学ぶ。そうした教育機関としての機能を積極的に評価することが重要である。

このような公共交流機関としてのローカル鉄道を捉えると、それをまちづくりのなかで活用していくためには、「おもてなし」と「居場所」に着目することができる。

①　おもてなし

このキーワードは、現在多くのまちづくりで使われている。交流においては、交流に訪れた来訪者が、「もてなされた」という印象を持つことで、満足度が高まる。その際の満足には、快適さ、知的満足、帰属意識・仲間感、高揚感がある。また、既にあるウォーキングコースや地域の探索をさらに発展させたツーリズムデザインは、おもてなしのコンセプトによって具体的なアイディアを導き得る。

②　居場所

「おもてなし」が来訪者との関係性を意識する中で生まれてくるコンセプトであるのに対して、「居場所」は地域住民自身を意識する中で生まれて

くるコンセプトである。自分たちのまちの中で、自分たちが落ち着いて豊かな時間を過ごせる場所、帰属意識を持てる場所を確保することである。こうして生まれた地域住民の「居場所」に招かれることは、来訪者にとっては最上の「もてなし」の1つとなる。「おもてなし」と「居場所」は、結局は表裏一体の面があり、他者を迎え、もてなす場が、地域住民の居場所としても存在していることが、ローカル鉄道沿線に広がる地域においては成り立ち得るとともに、それこそが重要となる（表7-1）。

表7-1 ローカル鉄道を活かした景観まちづくりの考え方の整理

	沿線風景	駅・駅前広場のデザイン
おもてなし	・地域特性を伝える風景を見せる ・風景の名づけ・マップづくり ・沿線風景の手入れ ・道路利用者とのコミュニケーション ・風景を楽しむ車内でのコミュニケーション ・ツーリズムの予感としての演出	・地域案内・情報提供 ・ツーリズムの起終点としての位置づけ ・地域特性を伝える風景・空間デザイン ・食のもてなし空間・施設整備 ・手入れ・管理 ・使いやすさ
居場所	・列車に見守られる風景 ・列車を見守る風景 ・ふるさとの風景としてのアイデンティティ	・地域コミュニティ活動の場 ・利用の必然性の確保 ・自分たちでの運営・管理

明知鉄道の駅と駅前広場のデザイン

　恵那市では、景観計画の策定とともに、地域ごとに具体的な景観整備を続けている。その一環として、明知鉄道駅と駅前広場の改修も行われてきた。その際の基本方針とアイディアは、「地域資源としてのローカル鉄道を活かす」の項で述べた2つのワークショップによるところが大きい。

　明智について以下に紹介する。明智町は、「日本大正村」というコンセプトによるまちづくりを1983年から進めてきた。バブル期には、何もない地方都市の住民による素朴なもてなしが人気を博して年間30万人を超える観光客が訪れたこともあった。しかし、その後来訪者は急激に減少した。とはいえ、地域のコンセプトとしての大正村は継続しており、大正100年に当たる2011年に合わせて旧まちづくり交付金による整備が進められた。その中で、明智駅の駅前広場とトイレの改修整備が、先に紹介した明知鉄道の駅を考えるワークショップで示された方針とデザイン案に沿って行われた。

　なかでも、従前の煉瓦をイメージした大正ロマン的なデザインのトイレ

を機能更新も含めて建て替える際には、併せてまちの居場所となるカフェと待ち合い空間を備えた建物とした。デザインには(株)設計領域の新堀氏が参加し、制約条件の多い中でも、大きな窓からまちと鉄道の両方を見晴らせる開放感のある空間が実現した。併設されたカフェは、当初運営者が見つからず休業していたが、地元女性グループが見よう見まねで店を切り盛りすることとなった。試行錯誤を経て活動は徐々に軌道にのり、まちの高齢者が集まる場としても定着してきた。高校生には、何も注文しなくてよいから店内の畳のスペースなどで列車まちをしておいで、と声をかけている。また、テラスで始めた地元野菜の販売も賑わっている。

こうした活動が、運営を始めた女性グループの自信につながり、まちなかの空き家を活用して新たな甘味どころ兼高齢者の寄り合いの場を2014年にオープンするに至った。明智町では、駅前広場の改修と併せて、駅から徒歩2、3分の場所にある浪漫亭という観光施設前の駐車場を広場化する改修も行われたが、これは駅前広場のデザインと連動、連携を図り、観光イベントというよりも日常的な住民、子どもたちの利用に焦点をおいたデザインとして、(株)設計領域によって基本設計が行われた。また、駅からスタートするウォーキングコースの設定とサインの設置も進んでいる。

こうした鉄道と地域との連携が、特段珍しい名所としての特徴があるわけではない普通のまちの穏やかな風景を、ローカル鉄道の駅とまちの随所につくり出している。さらに、まちの中心を流れる明智川の広場に隣接する区間が、近自然工法によって2014年5月に改修され、生き物の姿が見える自然な川への成長が始まっている。こうした地域の小さな変化は、地域住民のみならず、訪れた観光客の心にも響く風景となっている。

このほかにも、明知鉄道の岩村駅では、駅前広場の動線のミニマムな改修と駅舎の整備が行われ、2014年10月には駅弁を販売する店舗が駅にオープンした。そこでは、お惣菜の販売も行い、地域住民の利用が期待されている。山岡駅では、地元の特産品である細寒天を紹介する「かんてんかん」が新たにオープンしている。こうした明知鉄道をめぐる拠点整備の事例から、駅と地域の連携、鉄道事業者と地域住民、および地元自治体との連鎖的な活動の展開、さらにはその場となる施設と空間の質の高さの重要性を学ぶことができる。

カフェに集う人は、必ずしも鉄道を利用するわけではない。しかし、やはりこれらは駅前にあることが重要である。公共交流機関としての駅が持つ価値と役割が、明知鉄道の駅においては徐々に発揮されてきている。そしてそれが可能になったのには、デザインの力が大きい。天井が高く、開口部の大きな作り。鉄道との位置関係の明快さ。広場のサイズとディテー

ル。これらへの配慮はさりげないが、通常の公共事業で担保できる質ではない。制約の多い中でもデザイナーが努力した結果である（**写真 7-4**）。

写真 7-4　改修前の明智駅トイレと居場所のない生徒たち（上左）
　　　　　改修された明智駅前広場の居場所（上右）
　　　　　駅前のカフェは徐々に住民の交流の場となってきた（中左）
　　　　　駅前の地場の野菜販売コーナー（中右）
　　　　　浪漫亭前の改修された広場は日常の利用がなされている（下左）
　　　　　町の中心部から駅方面への視線が広場を通してつながるようになった（下右）

ローカル鉄道からの風景の価値

　最後に、明知鉄道から得られる車窓風景の価値について触れておきたい。「『公共交流機関』としての機能」の項で紹介したシンポジウムでも、車窓からの風景は大切な地域資源であると認識されていた。それは、富士山のような名山や有名施設などが見えるわけではないという意味で、何気ない田園風景である。しかしそれは都会から来た学生にとっては、非日常的で新鮮な感動を与える風景であった。そしてまた、日常的に鉄道を利用する高校生や高齢者にとっても、いちいち歓声を上げることはないものの、大切な風景であるといえる。

　以下に、明知鉄道の乗車によって得られる風景の認識についての調査結果を基に、ローカル鉄道からの風景の価値を考えてみたい。

　明知鉄道の乗客に車窓から見える風景について訪ねると、ほとんどの人々が、のびのびと広がる田んぼの風景といった、田園風景に魅力を感じている。また明知鉄道は2カ所で分水嶺を通り、トンネルや周囲を木々に覆われた区間が複数回現れる。これらの閉じた区間の次に来る視界の開けた場所の眺めは、他所よりも印象的に心に残る傾向がみられる。沿線の眺めのアピールや保全においては、こうしたシークエンスとしての特徴を押さえておくことが必要である。

　なお、光のコントラストといった物理的な刺激によって起きる眺めへの注目は、地域住民でも来訪者でもあまり大きな差はないが、それぞれの眺めをどのように捉えているかは、両者の間に違いが見られる。一般に来訪者は、季節によって青々と、あるいは黄金色に広がる田の風景を文字通り絵のように眺めて、「きれい」と認識する。あるいはこれが「いわゆる日本の田園風景だ」、というように第三者によって価値づけられたまなざしで眺めを認識する。

　その一方で、日常的に鉄道を利用する乗客にとっては、よそ者には見分けられない場所や眺めの対象を同定し、「あ、これが見えたからここだ」、という沿線の地点的な確認や理解を行っている。またいつもの眺めに何らかの変化が起きたことにも意識を向け、「おや？」といった注意を払う。そうしてこれらの意識には、単に眺めとしてだけでなく、そこにまつわる意味や記憶、過去に行った行為の想起などを伴うことが多い。つまり、日常的に利用している、あるいはかつて日常的に明知鉄道を利用した人たちにとって、車窓からの眺めは、自己と地域とのつながりそのものともいえる存在である。知識としての地域理解というよりは、眺めとして身体化された感覚として、地域と自己とを結びつけてくれるものであるといえようか。

車内では携帯やスマートフォンばかりを見ているようにみえる高校生も、おしゃべりばかりしているようにみえるご婦人方も、よそ者には気づかないような「自分の眺め」を車窓に得ているようだ。そういった地域と自己をつなぐ風景の体験を、ローカル鉄道は提供し、かつ蓄積させる。

　「自分の眺め」は多くの場合、他者と共有される機会はなく、その価値について語ったり、あるいはまたそれが変化したり失われることへのアクションが起きることもない。しかし、鉄道が安定して地域に存在し続けることは、地域の一人ひとりに安定した風景体験、ひいては地域との関係を提供することともなる。交通まちづくりの過程では、そういったローカル鉄道から得られる風景の意味や価値にも想いを寄せていきたい（**写真7-5**）。

写真7-5　明知鉄道乗車中に何気なく目を留めた眺めを撮影してもらった写真：様々な眺めに対して、多様な想起を伴って認識されている。

[出典・参考文献]
[1] 明知鉄道株式会社:「明知鉄道連絡協議会理事会資料」、2010 年
[2] 国土交通省都市・地域整備局:「合併後の地域連携を活かした持続可能な景観づくり計画と実行プロジェクト報告書」、2010 年
[3] 出村嘉史・佐々木葉・岡田智秀・山口敬太:「公共交流機関としての明知鉄道の可能性」土木計画学研究・講演集、No.41、2010 年
[4] 藤澤奈緒・佐々木葉:「風景の多元性に着目した地域認識に関する研究―鉄道の車窓風景を対象とした写真投影法実験を用いて―」、土木学会景観・デザイン講演集、No.8、2012 年

8. 由布市：交通実験実施から13年、由布院の観光まちづくりと交通まちづくり

はじめに
(1) 観光地における交通まちづくり

　人口1万人余りの小さな温泉町が、わずか50年で全国屈指の観光地へと変貌を遂げた。このことだけをみれば、観光の一大成功事例と捉えられなくはないものの、実際にはそうした変貌の陰に多くの課題も生じている。そうした課題の最たるものが、大分県由布市湯布院町のいわゆる交通問題である。ちなみに、2005年に挾間町、庄内町、湯布院町が合併して由布市が誕生したが、この交通問題は主に由布市旧湯布院町中心部である由布院地区での出来事であり、この先は基本的に由布院という表記で議論を進めていきたい[注]。

　さて観光地であれ、そうでない土地であれ、訪れた土地の言葉を聞き、異なる風景や人と出会い、そして土地それぞれの歴史や暮らしぶりを感じることが旅の醍醐味であり、本質的な観光の価値である。そうした旅を心地よいものにするためには、心のこもったおもてなしが大切であり、同時にゆったりと過ごすことができる空間の存在も重要である。

　観光地では、宿泊施設や飲食店、小売店などがそれぞれに趣向を凝らして豊かな商業空間を形成しているが、公共空間や道路空間はどうであろうか。都市も地方もモータリゼーションにどっぷりと浸かり、車からみれば利便性の高いまちであったとしても、地域の住民や地域を訪れる観光客、歩行者からみて豊かなまちであるのか、あるいは安全に安心して歩ける空間が形成されているのかということについては、我が国ではなかなかそうした状況が実現されにくい。でも、やはりまちに暮らす人々にとってもまちを訪れる人にとっても、公共空間、道路空間でも豊かにゆったりと過ごすことができるのは大切なことである。

　このような価値観を抱きながら由布院は、高度経済成長期以降の団体型観光やそれに対応した宿泊施設の大規模化とは一線を画し、小規模な宿泊施設を地域に点在させ、歩いて楽しめる生活型保養温泉地を目指してきた。

注）　平安時代から続く地名、盆地名、温泉名を由布院といい、昭和の合併以降の旧自治体のより広い範囲を湯布院という。

ただ一方で、古くからの里道や農道をベースに地域の道路の骨格が形成されているため、長年車社会と向き合ってきた歴史でもあった。

　そうした由布院のこれまでの取り組みや温泉観光地として発展してきた過程をたどり、そして2002年に実施された「交通実験」について振り返りながら、由布院の観光まちづくりと交通まちづくりについて考えていくこととする。そのために本稿の中心概念である「観光まちづくり」から説明していきたい。

(2)　観光まちづくりとは何か

　まず「まちづくり」には、実にさまざまな捉え方があるが、ここでは住民のムーブメントに着目し、「自覚と責任を持つ地域住民が、住みやすく持続可能なまちにするため、ハード、ソフトの両面からまちのことを自ら考え、外部にも働きかけながら実践を重ねていく運動である」と捉えておきたい。

　次に「観光」については、以下の2つの視点から捉えることとする。観光する主体側から捉えれば、観光とは「人々が日常生活する場を離れて、余暇活動や生きがいとして、日常と異なることを見聞きし体験しそして楽しみ、日常に戻ってから生活を向上させるもの」であり、観光を受け入れる地域の側から捉えれば、観光とは「地域の文化や経済を振興し、人々が地域で生きがいを持って生きてゆくための基盤となるもの」と捉えることができる。まずこの双方の関係づけが重要である。

　そして「観光まちづくり」とは、観光とまちづくりの融合であり、ここでは「地域社会において、地域の住民や企業などの様々な主体が、地域資源を活かした経済活動である観光を手段としながら、持続可能で経済的に維持できる地域社会を来訪者と連携しながら作り上げる運動である」と捉えてみる[1]。単に観光業だけの隆盛を模索するのではなく、住民自らが住みやすいまちをつくることで、その結果、訪れる観光客にも満足できるまちを目指すということもできる。その意味で由布院は、急激な、あるいは短期的視点による観光開発を避けたいという意思を持っていたが、結果としては後述するように、大規模な開発ではないものの、地域に大きな負荷をかける方向で観光開発が進んでいった。

由布院の発展過程と交通まちづくりの課題

(1)　今日までの由布院の足跡

　日本全国に名だたる温泉地が存在する中で、由布院は後発の温泉地である。もちろん太古よりお湯は湧いていたのであるが、江戸期にはキリシタ

ン弾圧により分断統治され、温泉地であることを口外することが許されなかった。ゆえに、由布院の黎明は1925（大正14）年の鉄道開通に由来する。この鉄道建設に当たって当時の住民は、町の西端をかすめて大分から久留米に向かう計画であったものを、土地を用意し馬蹄形に線路を曲げ、町の中心部に引き込むことに成功した。しかも由布院駅（開業当時は北由布駅）を、馬蹄形の先端部の由布岳を正面に望む「山あて」の位置に立地させている[2]。一般的に観光地の中心部と玄関口の駅が離れているケースがよく見られるが、由布院が歩いて楽しい観光地を標榜できる最大の要因はこの位置関係にある（後出の図8-4、図8-5および図8-9参照）。

　一方で、この鉄道開通の前年1924（大正13）年に、由布院では東京帝国大学の本多静六博士を招いて講演会が開催されている。本多博士は明治神宮や日比谷公園を設計した林学博士であるが、この当時、全国の観光地を訪ねて講演しており、由布院では「由布院温泉発展策」として完全な記録が残され、観光まちづくりの原点とされてきた。この講演の中で本多博士は、公園林の作り方などに加えて、道路計画にも言及している。その内容は、環状部と支線からなる自動車用の大回遊道路、人が自由に散歩できる中回遊道路、この2つを連絡する小回遊道路を、具体的な地名を付して提案している。このことは車社会を迎えるはるか前の由布院にとって、先駆的な提言であったということができよう。

　また1972年から1973年にかけて、「明日の由布院を考える会」という住民組織が、九州芸術工科大学と東京大学に依頼し、「外部空間としての道路―由布院の道路に関する調査と研究」が実施されている。この中で、道路計画と道路周辺の土地利用について現況調査と具体的な提案が行われており、駅前広場ややまなみハイウェイに関する提案に加えて、歩くための道路の提案も行われている。その提案では、「特別に観光客用の遊歩道を設けるよりも、むしろ、日常的に町の人々が歩いている道を楽しい道にすることの方がより重要であり、それが十分に実現されていれば、外部からの人々にとっても楽しい散策道が結果的に実現される」[3]とされている。このことは、40年を経過した今日でも由布院の交通まちづくりにとって大きな意義を持つものである。

　さて、戦後の高度経済成長とともに大衆観光時代が始まり、団体型観光に対応するため全国の温泉地がこぞって宿泊施設の大型化を図っていった。例えば、由布院温泉から車でわずか40分のところに全国随一の規模の温泉地別府があり、大きく発展し隆盛を誇っているが、由布院は団体型観光でない観光スタイルを模索し、小規模点在型の温泉地に個人・小グループ型の観光客を受け入れるスタイルを確立した。その結果1970年に

は109万8千人であった観光客数が、2010年には386万4千人まで増加している[4]（図8-1参照）。ただ日帰り観光客数が宿泊観光客数の3〜4倍であるということは、全国の温泉地でも例外的な状況であり、そのぶん散策だけを楽しむ観光客が多いということになる。

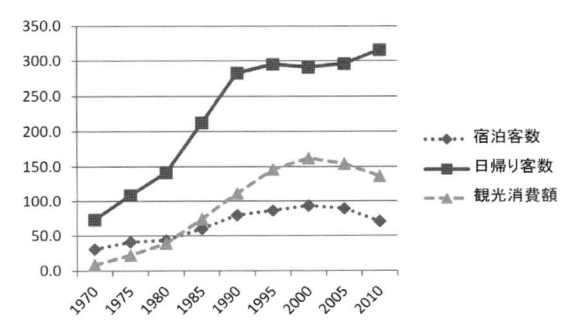

図8-1　旧湯布院町における宿泊客数、日帰り客数、観光消費額の推移
（宿泊客数、日帰り客数は1万人単位、観光消費額は1億円単位　ただし2010年は由布市全市のデータを使用）

大規模な観光開発ではなく、人口約1万人のまちらしく、地域住民が音楽祭、映画祭、牛喰い絶叫大会などのイベントを数多く立ち上げてきた。また農家と連携して地場流通を心がけて、住民にも観光客にも心地よいまちをつくる「観光まちづくり」を実践してきた。1990年には湯布院町が開発の抑制と成長の管理を謳った「潤いのある町づくり条例」を制定したものの、「観光」は諸刃の剣であり、制御することがとても難しい。このことを1971年と2004年の土地利用の変化から見ていきたい[5]。

(2)　由布院の土地利用の変化

　図8-2の1971年当時が、由布院の観光まちづくりが軌道に乗り始めた頃である。旅館が地域にいくつか点在し、地図左端の由布院駅周辺には商店街が立地し、土産品店はほぼ駅周辺にのみ立地していた。由布院盆地南側の農地もしっかりと保たれている。

　その後少しずつ旅館が立地し始め、1979年には地図右上にある金鱗湖近くに観光施設が開業し、観光バス駐車場が整備された。1980年代から、この観光バス駐車場周辺や幅員5〜6mの湯の坪街道という細い道沿いに土産品店が急速に立地し、外部資本が進出してきた。さらに店舗と駐車場が増え続け、図8-3の2004年頃には、由布院駅前から湯の坪街道を経由して金鱗湖近くまで、土産品店が連続するいわゆる観光ゾーンが形成され

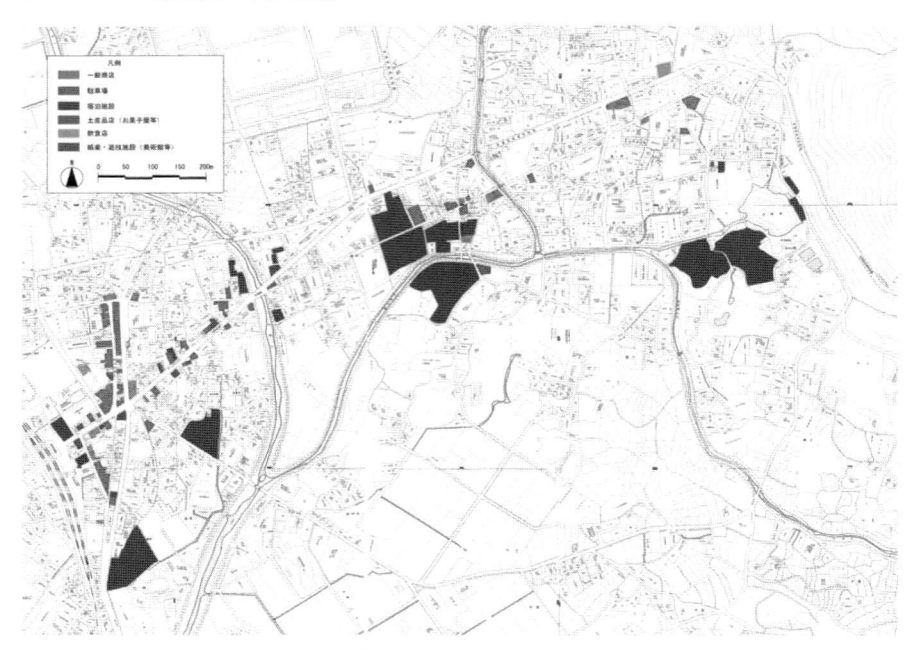

図 8-2　由布院の土地利用の状況（1971 年）

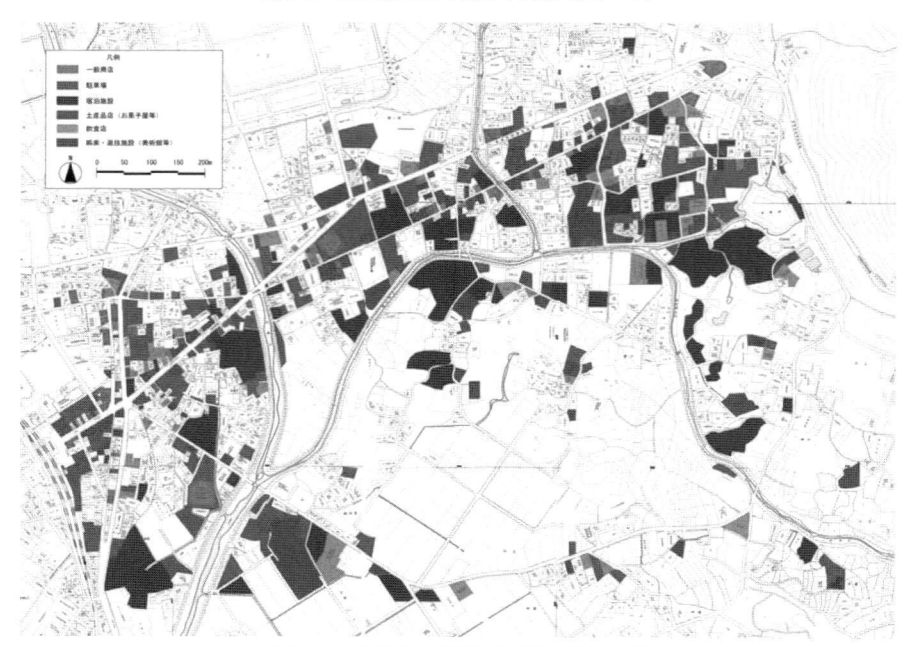

図 8-3　由布院の土地利用の状況（2004 年）

た。同時に小規模な駐車場が中心部に立地し、里道や農道由来の細い道に車が入り込み、週末や連休時には交通混雑してゆったりと歩くことすら難しくなり、生活型保養温泉地として交通のあり方が大きく懸念される事態となっていった。

交通実験の実施
(1) 交通実験の実施内容

　観光ゾーンが形成され、小規模な駐車場が中心部に立地し、里道や農道由来の細い道に車が入り込み、週末や連休時には交通混雑してきたことは前述したが、そこで1999年から「人と車がおりあった湯布院の交通のしくみを考える会」が住民と行政で組織され、独自に交通量、渋滞長などの交通調査や、案内や誘導の実験を行った。そうした成果を踏まえて、2001年3月に「湯布院の交通問題に関する『7つの提案』」を湯布院町長と大分県知事に提出している。

　その後2002年4月に「湯布院町まちづくり交通対策協議会」が組織され、同年11月に「湯布院・いやしの里の歩いて楽しいまちづくり交通実験」が、延べ1,412人からなるボランティアスタッフ、行政職員、まちづくり関係者、研究者、地域内外のコンサルタントなどにより、図8-4、図8-5の7つのメニューで2日間実施された[6]。また交通実験に関するポスター、リーフレット、看板、サイン、備品などは、後にJR九州のクルーズトレイン「ななつ星in九州」などをデザインする水戸岡鋭治氏が、当時トータルデザインを担当した。

　この交通実験では、
① 2002年当時施工途中であった湯布院インターチェンジ近くの道の駅予定地を用いた「パーク&バスライド実験」
② 由布院駅と隣駅である南由布駅の間をJR九州運行のトロッコ列車で結ぶ「パーク&レールライド実験」
③ 由布院盆地南側の遊休地を用いた「田園無料駐車場設置実験」
④ 中心部の有料駐車場を一括借り上げし、予約者のみ中心部に入ることができる「駐車場予約システム実験」
⑤ 観光バスを中心部に近いバスターミナルで乗降させ、バスは自衛隊駐屯地で待機させる「観光バス乗降システム実験」
⑥ 中心部で車が通行せず安心して歩ける空間を生み出す「観光自動車の乗入制限実験」
⑦ 既存のレンタサイクルを全車借り上げ、臨時に他地域から自転車を借用して増車し、5カ所で貸し出し・乗り捨てを自由にした「レンタ

146　交通まちづくりの実践

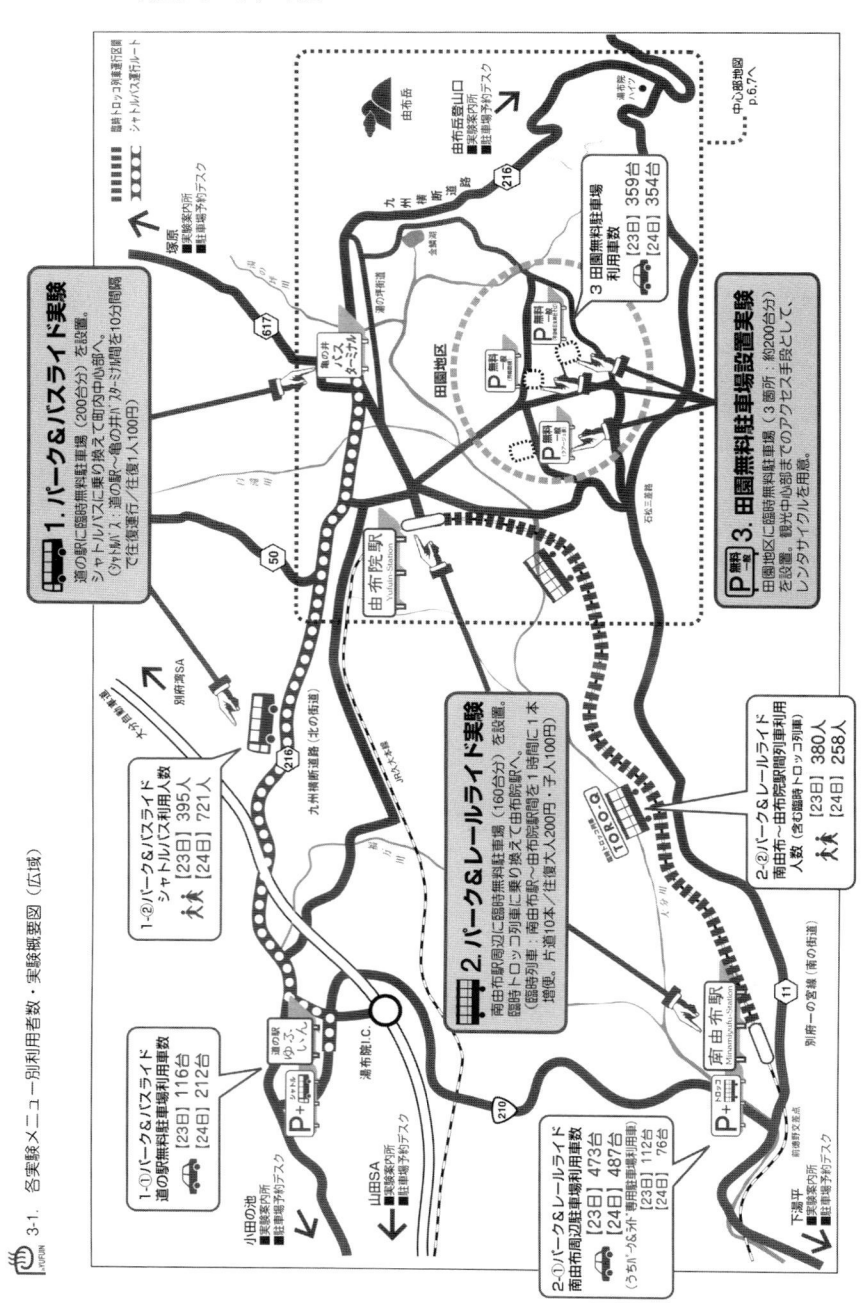

3-1. 各実験メニュー別利用者数・実験概要図（広域）

1. パーク&バスライド実験
道の駅に臨時無料駐車場（200台分）を設置。シャトルバスに乗り換えて由布院中心部へ（シャトルバス：道の駅〜湯の坪までの片道2㎞を10分間隔で往復運行／往復大人200円／小人100円）

2. パーク&レールライド実験
南由布駅周辺に臨時無料駐車場（160台分）を設置。臨時トロッコ列車に乗り換えて由布院駅へ（臨時列車：南由布駅〜由布院駅間を1時間に1本増発、片道10本／片道大人200円／往復大人400円／小人100円）

3. 田園無料駐車場設置実験
田園地区に臨時無料駐車場（3箇所：約200台分）を設置。観光中心部までのアクセス手段としてレンタサイクルを用意。

1-①パーク&バスライド
道の駅無料駐車場利用車数
[23日] 116台
[24日] 212台

1-②パーク&バスライド
シャトルバス利用人数
[23日] 395人
[24日] 721人

2-①パーク&レールライド
南由布駅周辺駐車場利用車数
[23日] 473台
[24日] 487台
（うちパーク&ライド専用利用車数）
[23日] 112台
[24日] 76台

2-②パーク&レールライド
南由布〜由布院駅間臨時列車利用人数（含む臨時トロッコ列車）
[23日] 380人
[24日] 258人

3.田園無料駐車場利用車数
[23日] 359台
[24日] 354台

図8-4　2002年に実施した交通実験メニュー1〜3

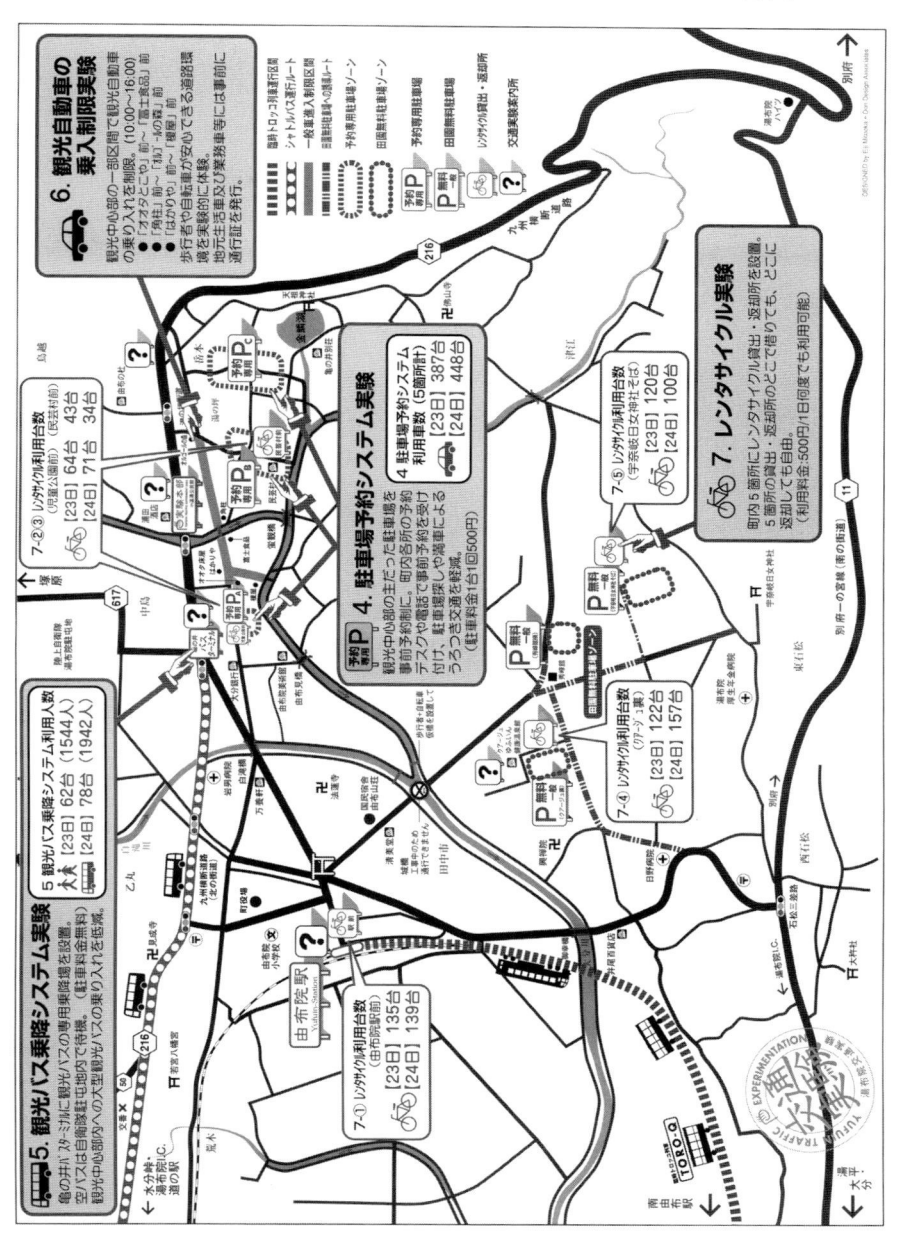

図 8-5 2002 年に実施した交通実験メニュー 4〜7

サイクル実験」
の7つのメニューを、同時にパッケージとして実施する内容であった。

(2) 交通実験実施後の反響

　この交通実験の目的は「湯布院らしい交通のあり方」を住民と考えていくための検討材料を入手することにあったが、この2日間だけ中心部から車が排除され、安全にゆったりと歩ける空間と交通システムが創出された（**写真8-1**、**写真8-2**参照）。その結果、**図8-6**のアンケート結果にもあるように、90％近くの観光客からは「良い試みだと思う」という回答が得られたものの、住民の52.5％、事業者の64.0％からしか「良い試みだと思う」という回答は得られなかった。こうした意見の隔たりや、その後の市町村

写真8-1　2002年交通実験実施時の湯の坪街道の様子

写真8-2　2002年の交通実験から運行されたトロッコ列車

由布市　149

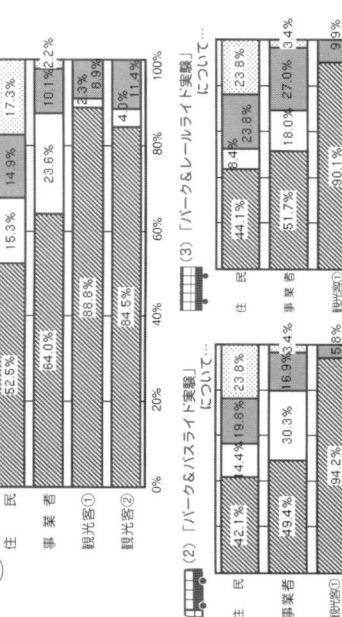

4-2. アンケート調査結果からみた実験の評価

今回の交通実験について、地元住民、観光客を対象にアンケート調査を行った結果、各実験メニューについて様な評価が観光客と地元住民から得られました。

- 今回の交通実験全体について、「良い試みだと思う」と評価しているのは住民の52.5%、事業者では64.0%であるのに対して、観光客では89.9割が肯定的な支持を示しており、実験全体について地元住民や事業者と観光客の評価には大きな違いが見られました。
- 特に(1)〜(8)が「観光車両の乗り入れ制限についてはその走り抜けしているのに対し、地元住民や事業者は「まだ協力してもよい」と評価しているものの、「良かった」或いは「まだ協力してもよい」と評価しているのに対し、地元住民や事業者は半数近くが「良い試みだとは思わない」、或いは「わからない」という回答でした。
- ただし、住民や事業者の9割近くが「今後も継続的に交通問題について検討してもよい」という自由意見が多く寄せられており、今後は観光客から得られた住民事業者の支持と地元住民・事業者との意見のすり合わせが必要です。

(3 アンケート調査の対象者について）
住民：湯の坪・湯本地区住民（有効回答数202件）
事業者：湯の坪周辺事業者（有効回答数86件）
観光客①：バス＆パーク・予約専用利用者・観光バス乗降システムの各実験メニューを利用した観光客。（有効回答数1182件）
観光客②：観光バス車内でのヒアリング調査による観光バス運転手が対象（有効回答数410件）
※観光客対象のアンケートについては「今後同じ実験活動に実験してきたか否か」「今後はどのように実験メニューに協力をするか」という設問で調査。

図 8-6 2002年に実施した交通実験のアンケート結果

合併問題に端を発する様々な政策実現の停滞などにより、2009年11月までJR九州が季節運行したトロッコ列車「TORO-Q」を除いて、これらの交通実験メニューは本格実施に移されることはなかった。

また、この交通実験に際して、実験実施日と実験実施同月で実験を実施しなかった週末の日と、それぞれの一人当たり観光消費額を調査したところ、前者の場合が約8,000円であったのに対して、後者の場合が約6,000円という結果であった。そこで手ぶらの歩きやすい環境が観光消費を促すという仮説を立て、公共交通機関利用者の利便を図るため、翌2003年7月から由布院駅前と宿泊施設の間で宿泊客の手荷物を運ぶ軽貨物運送事業を、由布院温泉観光協会が開始した。その事業は「ゆふいんチッキ」という名称で現在も営まれており、これまでの12年で20万個以上の手荷物を運び好評を博している。

居心地よく滞在できるまちへ
(1) 由布院における交通安全について

大分県警察本部の協力により得られた交通事故データをもとに、由布院の交通安全について大分南警察署管内のデータをみていくこととしたい[7]。由布院には、九州島内はもとより全国各地から観光客が来訪する。表8-1は、2001年から2012年までの交通事故当事者の居住地・人数一覧である。実に大分県以外の31都府県の方が当事者となっている。

表8-1 由布院を含む大分南警察署管内の交通事故当事者居住地・人数一覧表

居住地	人数	居住地	人数	居住地	人数
大分県	1,301	東京都	11	鳥取県	3
福岡県	289	埼玉県	11	高知県	3
熊本県	82	神奈川県	10	宮城県	3
佐賀県	54	鹿児島県	10	山形県	3
広島県	31	千葉県	8	茨城県	2
宮崎県	29	京都府	7	長野県	2
長崎県	25	岡山県	5	滋賀県	2
大阪府	21	三重県	4	島根県	2
兵庫県	20	徳島県	4	奈良県	1
山口県	13	愛媛県	4	不明	1
香川県	13	愛知県	3	計	1,976

そこで、遠方からの来訪者（九州島外）の事故発生割合を 2001 年から 2012 年までみたのが図 8-7 である。2004 年を除いて、遠距離来訪者の事故発生率が徐々に減少しているようにみることができるが、いわゆる高速 1,000 円制度が主に実施されていた 2009 年、2010 年の発生割合が、前後に比べて少し高いのが懸念されるところである。

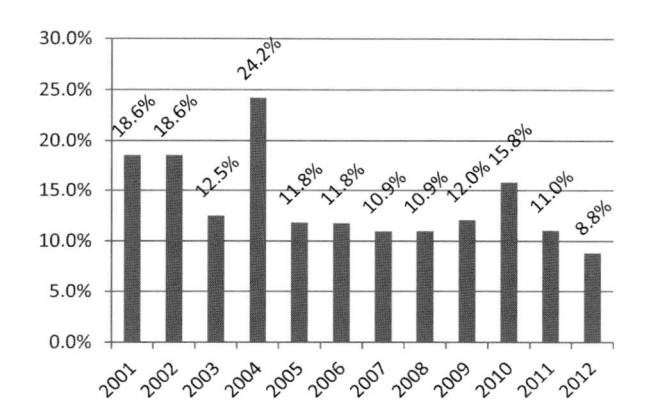

図 8-7　由布院を含む大分南警察署管内の遠距離来訪者（九州島外）事故発生割合

次に、2001 年から 2011 年までの各月の観光客数と事故発生数の分布をみたが、この相関係数は 0.2074 であり、ほとんど相関は認められなかった。

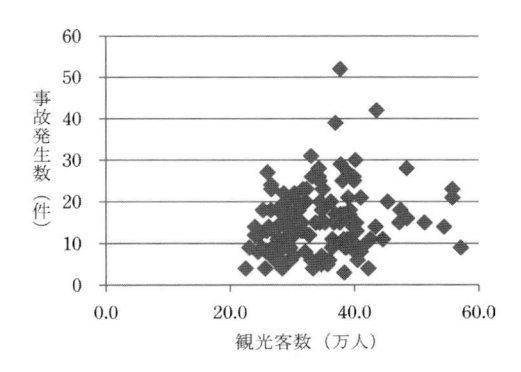

図 8-8　由布院を含む大分南警察署管内の各月観光客数と事故発生数の関係

最後に、由布院における 2007 年から 2012 年までの事故発生箇所を記したのが図 8-9 である[8]。この傾向として、町の中心部よりも周囲の幹線道路からまちなかに入るところで数多く事故が発生しており、運転手が長距離運転のモードからまちなか運転のモードへの切り替えをうまくできていない可能性が考えられる。

図 8-9　由布院における事故発生箇所（2007 年～ 2012 年）

(2)　これからの由布院の交通まちづくり

　このように、交通事故発生箇所をみても中心部での交通事故は少なく、今後こうした中心部をいかに歩きやすい空間にしていくのかをまず検討しなければならない。交通実験から 10 年を経過した 2013 年 7 月に由布市で開催された「湯布院の交通まちづくりを考えるシンポジウム」では、交通工学の研究者から「交通実験実施当時は車の規制ばかりに目が向いていたようだが、本当は観光客にどのように歩いてほしいと思っていたのか。」と指摘されている。また、ここ数年で観光バスの立寄り施設が地域内でさらに分散し、混乱に拍車がかかっている。

　40 年以上にわたって、地域が抱える課題をテーマに隔年で海外研修旅行を実施し、特にドイツの保養温泉地を一つのモデルとして歩んできた由布院にとって、これからの時代の滞在型保養温泉地として、観光客にどのように居心地よく滞在してもらい、どのようにゆったりと歩いてもらいたいのか、地域住民も観光客も納得し満足できる新しい地域での過ごし方に

ついて、住民、事業者、行政で根源的な議論を繰り返し、交通まちづくりの次の合意形成を目指すべき時に来ているといえるだろう。

　これまで見てきたように、由布院の観光まちづくりと交通まちづくりに関する研究はまだ緒についたばかりである。今後さらに調査を進めて、観光による非定常交通流の増大にどのように向き合っていくべきか、さらに研究を深化させていきたい。

[出典・参考文献]
[1]　米田誠司：「持続可能な観光まちづくりへの処方箋―由布院」、『住民と自治』2014年7月号、pp.8-11、2014年
[2]　湯布院町：『町誌湯布院〈本編〉』、pp.472-473、1989年
[3]　明日の由布院を考える会：「外部空間としての道路―由布院の道路に関する調査と研究」、p.29、1973年
[4]　由布市観光動態調査による
[5]　由布院温泉観光協会：「観光環境容量・産業連関分析調査及び地域由来型観光モデル事業報告書」、pp.18-23、2006年
[6]　湯布院町まちづくり交通対策協議会：「平成14年度湯布院町交通実験報告書（概要版）」、pp.1-14、2003年
[7]　大分県警察本部交通事故統計原票の大分南警察署管内のデータ（2001年から2012年まで）による。ちなみに、大分南警察署は由布市と大分市の一部を管轄している。
[8]　大分県警察本部：「みんなの事故防止マップ」、(2013年10月28日) より抜粋

9. 平泉町：世界遺産平泉の交通まちづくり

平泉とは

　平泉は岩手県南部、北上川沿いに位置する人口約 8,100 人の農業と観光を主な産業とする小さな町である。古代、平泉周辺は蝦夷と大和政権の衝突の場であり、アテルイと坂上田村麻呂の戦でも有名な地である。平安末期、奥州藤原氏の治世時には近辺で産出される黄金を背景に栄華を極め、浄土文化が花開き、当時の日本では平安京に次いで人口が集積する大都市であった。しかし、源氏による藤原氏討伐以降、衰退の一途をたどった。

　現在では中尊寺金色堂、毛越寺など、往時を偲ぶ寺院が一部残されており（図 9-1）、年間 2 百万人を超える観光客が訪れる東北有数の観光地である。2011 年 6 月には世界遺産に認定された。

図 9-1　平泉の歴史・文化施設配置の状況

平泉における観光交通の課題

　平泉の観光交通は、中尊寺を中心としたワンストップ型となっている。春や秋の観光ピーク時には、中尊寺へのアクセス道路である国道4号が激しい渋滞を生じていた。原因は国道4号に観光交通と通過交通が混在し、大半の観光客が中尊寺の足下にある中尊寺第1駐車場を目指すためであった。

　また、地域内を周遊する巡回バスはJR平泉駅を起点に運行が行われ、レンタサイクルの貸し出しは民間企業により駅前でのみ運営されているため、自動車利用者には周遊手段が使いづらい状況が生じていた。さらに、観光案内所も駅前にのみ設置されているため、自動車利用者には、地域の観光情報を入手しにくい状況となっていた。

社会実験のきっかけ

　2008年8月に、国道4号の渋滞緩和を目的として、市街地外周部に平泉バイパスが供用した。バイパス整備により通過交通の分離が可能になることをきっかけに、通過交通と観光交通の分離徹底、観光目的自動車の駐車場分散、駐車場からの二次交通手段提供、および自動車利用者への観光情報提供が重要政策課題となった。また、当時平泉は平成23年度の世界遺産登録を目指しており、観光客のさらなる増加による渋滞の悪化が懸念され、観光交通マネジメント計画を策定し、運用していく必要性が、関係者一同の共通認識となった。

　観光交通マネジメント施策を本格的に実施していく上では、社会実験を通して施策の効果を検証し、本格実施するプロセスが重要との判断がされ、社会実験においても、春と秋の2段階により本格実施の施策を選定するプロセスが採用された。

社会実験（第1段階：2009年5月GW期間）

　第1段階実験では、街中の国道4号に集中する観光交通を分散するため、平泉バイパス沿道の未利用地に臨時駐車場（柳之御所跡、容量270台）を確保し、この臨時駐車場を町のゲートウェイとして位置づけ、臨時駐車場からバスや自転車などで街を周遊してもらうという方針のもと、観光交通まちづくりビジョン（図9-2）と基本計画を立案した（図9-3）。

　立案に当たっては、平泉町が事務局となり、国土交通省（岩手河川国道事務所）がサポートし、学識経験者、運輸局、警察、商工会関係者、観光関係者、交通事業者等による平泉観光期渋滞対策検討会[1]が中心的な役割を果たした。

156　交通まちづくりの実践

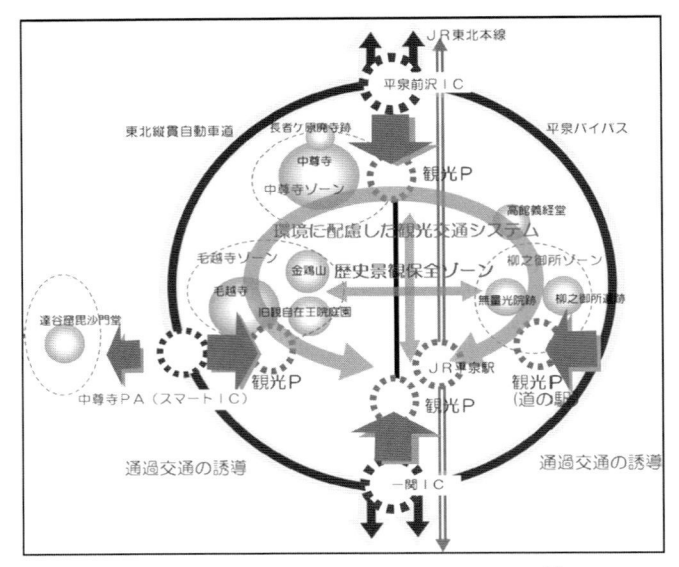

図 9-2　平泉の観光交通まちづくりのビジョン[2]

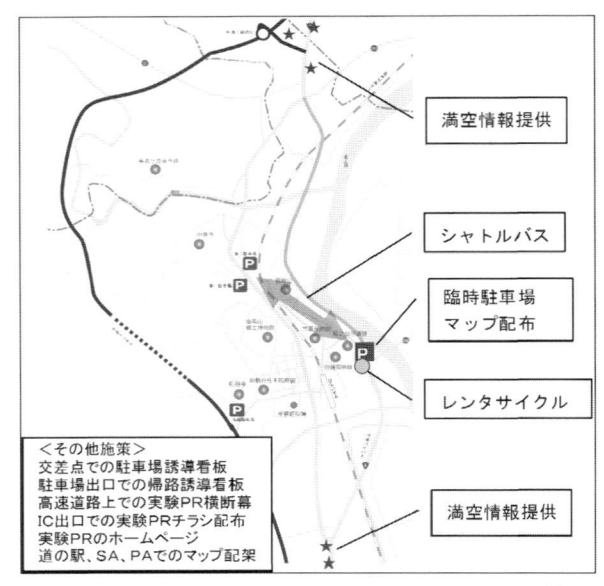

図 9-3　観光交通まちづくり基本計画（第1段階実験）[2]

基本計画では、北部方面からの交通、南部方面からの交通の分散を図るため、東北自動車道の平泉前沢IC出口や平泉バイパスと国道4号との分岐部手前の場所で、街中の既存駐車場と臨時駐車場の満車空車情報を提供することとした（前年度に駐車場の需要減による渋滞長短縮効果のシミュレーションを行い、駐車需要分散の効果、必要となる臨時駐車場の容量を検討している）。

　満空情報板には、集中する中尊寺駐車場の満空情報と臨時駐車場の満空情報、それぞれの駐車料金（有料無料の情報）、臨時駐車場からバスと自転車の二次交通手段のサービスを用意していることを一目で示したロゴを表示し、満空情報は、看板に満空状況をマグネットで貼る簡易なものを準備した（**写真 9-1**）。その運用は、各駐車場に配置した観測員から情報を定期的に集約し、携帯電話での伝達により、情報板の表示を10分ごとに貼り替えるという手法とした。

　また、臨時駐車場では、周遊手段として中尊寺間のシャトルバスとレンタサイクルを準備した。シャトルバスは200円（既存の循環バスを含め1日乗り放題）、レンタサイクルは1日500円とした（**写真 9-2**、**写真 9-3**）。シャトルバスを計画した理由は、既存の循環バスでは、観光ニーズの高い中尊寺への移動が遠回りになり時間がかかることが想定され、速達性を確保するため計画した。さらに、臨時駐車場では、街中の周遊を活性化するために、既存のバスも含めた交通情報と歴史文化施設の観光情報を一体とした交通・観光マップを作成し、来訪者に配布した。

写真 9-1　簡易看板による満空情報提供実験の様子［著者撮影］

写真 9-2　シャトルバスの乗降の様子［著者撮影］

写真 9-3　レンタサイクル貸し出しの様子［著者撮影］

　その結果、実験期間中は、バイパス分岐手前の交通量は南北とも昨年同時期より増加したにもかかわらず、街中の国道4号の交通量は減少し、渋滞も大きく緩和された。実験では、提供する満空情報に連動して臨時駐車場への入庫が進み、その効果が確認できた（図9-4、図9-5参照）。シャトルバスやレンタサイクルの利用も多く、観光客にも好評であった。これは、シャトルバスやレンタサイクル利用者には商店等の割引が受けられるよう、町が商店等に働きかけ、協賛店舗の情報を交通・観光マップに掲載したことも大きかったと思われる。

　臨時駐車場の来訪者に対するアンケート調査結果では、87％の方が簡易看板を見たと回答しており、臨時駐車場を選択した理由では、満空情報の看板が最も高い結果となっている。簡易な駐車場の案内については、約82％の方が役立ったと回答いただいた（図9-6、図9-7、写真9-4）。

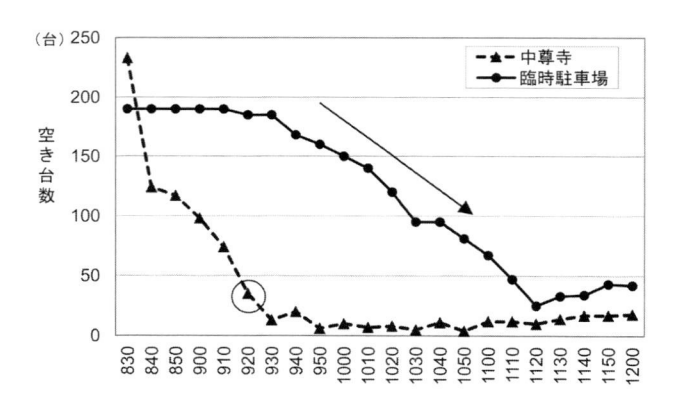

図 9-4　駐車場満空情報提供による入庫状況の変化（2009年5月4日）

平泉町

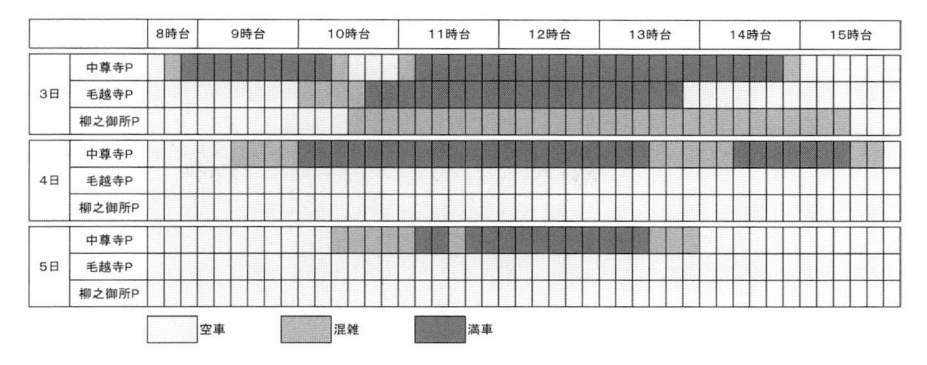

図 9-5　駐車場満空状況の提供結果（2009 年 5 月 3 日～5 日）

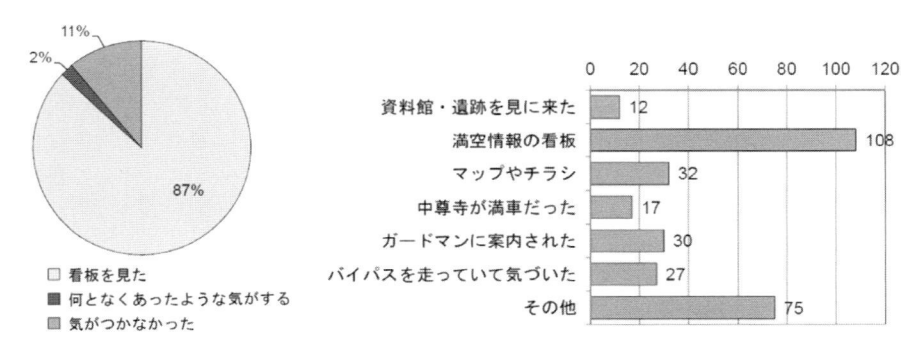

図 9-6　簡易駐車場案内板の来訪者アンケート結果
（左：看板を見たかどうか、右：臨時駐車場を選択した理由）

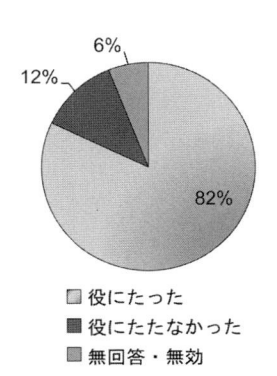

図 9-7　簡易駐車場の案内が役立ったかどうか

写真 9-4　臨時駐車場の社会実験時の利用状況の様子（2009 年 5 月）［著者撮影］

　第 1 段階実験で生じた課題は、シャトルバス利用者の 1/3 が中尊寺のみの立ち寄り、拝観にとどまった点が挙げられる。中尊寺で既存の巡回バスに乗り、他の施設を巡り、臨時駐車場に戻ることも可能であったものの、期待した街中の周遊までには至らなかった。また、バスの運行が終了してからも、バスを待つ観光客が生じた。さらに、臨時駐車場では平泉の歴史文化に対する質問が実験スタッフに多く寄せられたものの、十分な対応ができなかったという反省があった。

社会実験（第 2 段階：2009 年 10 月秋の藤原祭り期間）

　第 2 段階実験の目的は、第 1 段階の社会実験の課題を踏まえた見直し施策の効果検証に加え、平泉町が主体となった施策運営を確認することとした。これは、次年度以降の本格実施は平泉町が主体で行うことになるため、町が運用ノウハウを取得し、できるだけ費用をかけずに自主運用することができるよう、運用方法の改善を重要政策課題と位置づけた。

　施策見直しの具体策としては、臨時駐車場からのシャトルバス運行を廃止し、周遊を促進するよう、バス運行事業者と協力し、中尊寺、毛越寺など地区内を巡回する運行（既存巡回バスの逆回り）として、運行時間帯も前後に延長した。交通事業者においては、巡回バスが渋滞に巻き込まれないよう、運行ルートの設定には細心の注意を払い計画している（図 9-8）。この巡回バスを臨時駐車場利用者以外の方にも利用してもらうことも計画し、中尊寺前にバス乗車券を販売するテントも設営した。また、第 1 段階実験で好評のレンタサイクルは、事前に実験ホームページからの予約を可能とした。さらに、平泉の歴史文化への質問に備え町職員が臨時駐車場に常駐し、臨時駐車場から観光ボランティアをガイドに周遊ツアーを企画し

て、実験ホームページで参加者を募集した。

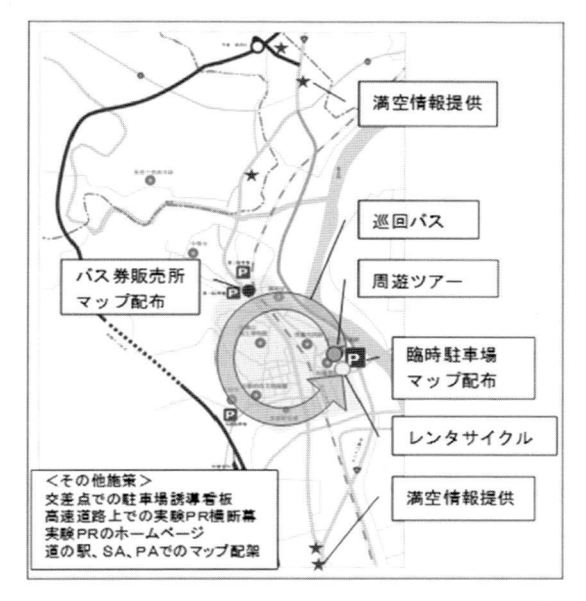

図 9-8 観光交通まちづくり基本計画（第2段階実験）[2]

　町による施策運用のため、駐車場の満空情報提供システムは大幅な変更を行った。第1段階実験では、各駐車場の空き台数把握と満空情報看板内容更新のため1日当たり20人強の調査員を各所に常駐させて運用したが、第2段階実験では、空き台数の把握は町から駐車場料金収受員に依頼した。町内の駐車場が町営であったことから可能となったものである。満空情報板の更新は、第1段階での実験結果から、最も多い日で9回の更新実績であったことを踏まえ、看板の横にアルバイトを常時配置するのではなく、更新が必要になった時点で町職員が指示し、臨時駐車場の誘導員を更新に向かわせる運用に変更した。

　これら、満空情報の取得、看板の情報更新の判断および指示は、事前に作成したマニュアルに沿って町職員が行った。また、第1段階では、実験本部、バス乗車券販売所、レンタサイクル貸出所、および机やイス等の備品はすべてレンタル業者に手配したが、第2段階では、町が所有するテント、備品で対応した。町職員は、第2段階実験期間中の実験本部に毎日4人常駐し運営した（**写真9-5**）。

写真 9-5　臨時駐車場の様子（第 2 段階社会実験）［著者撮影］

　施策見直しにより、巡回バス利用者は 2 カ所以上を訪問する結果となり、シャトルバスから巡回バスへの変更による周遊促進が確認できた（図 9-9）。中尊寺前に設営した仮設テントは、当初意図したバス乗車券販売機能ではなく、観光よろず相談所の機能となり、多くの観光客が立ち寄る施設として運営された。町職員による施策運用も大過なく実施でき、町も自らの実施について手応えをつかむこととなった。

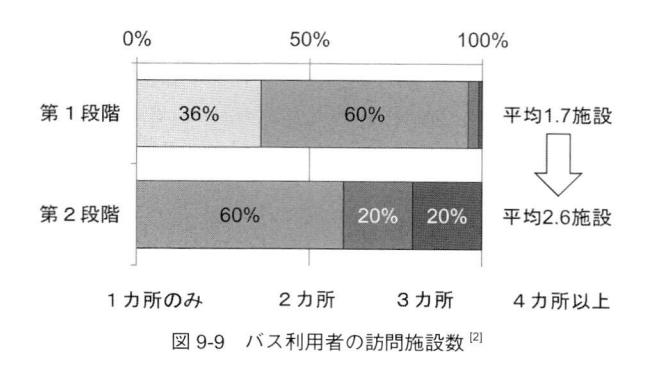

図 9-9　バス利用者の訪問施設数 [2]

本格実施

　2 回の社会実験を経て、町では世界遺産の認定を受け、その後恒常的な渋滞対策のために、遊休地等を活用した駐車場整備、3 カ所の駐車場案内板の運用（写真 9-6、写真 9-7）を 2011 年 4 月から行っている。案内板は、南北のバイパスの分岐手前部、旧道の中尊寺駐車場入口部に設置されている。ここで注目すべきは、常設の駐車場に加えて、臨時駐車場の情報が提

供できるよう工夫されていることである。普段は公共駐車場の満空情報が提供され、観光ピーク時やイベント開催時などには、臨時駐車場の満空情報も併せて提供される仕掛けとなっている。また、観光協会のホームページでも常時駐車場の満空状況が情報提供されている[3]。

写真 9-6 本格導入された駐車場案内情報板
（国道4号の中尊寺前）[著者撮影]

写真 9-7 本格運用した駐車場案内板
（2011年4月より）[著者撮影]

また、観光交通マネジメントの方針が浸透し、特定の時間帯に集中するピーク時には、地元警察による中尊寺交差点での北方向からの右折禁止の対応が自主的になされており、さらに地元主導で臨時駐車場に誘導するわかりやすいチラシの配布などがなされている（写真9-8、図9-10）。

164　交通まちづくりの実践

写真9-8　警察の自主的な運営風景
（中尊寺交差点、2014年5月GW期間）［著者撮影］

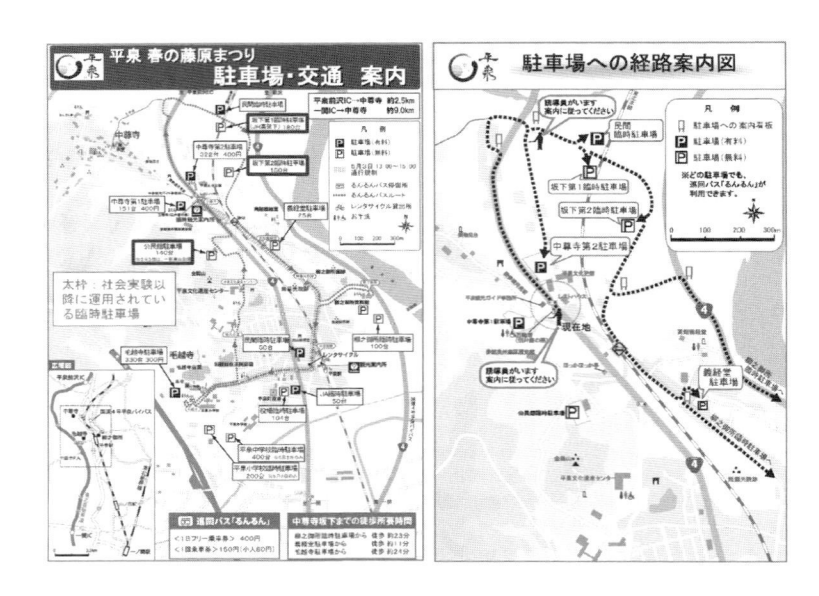

図9-10　自動車来訪者に配布する駐車場配置（左）と誘導ルート（右）チラシ（2014年5月GW期間中）[2]

おわりに

　平泉での経験を通して、多くの知見と教訓を得た。
　観光地においては、特定期間に交通が集中し、短期間で費用対効果の高い施策が求められる。そのためには、地域の交通計画の基本方針やビジョンを関係者で共有した上で、社会実験を通し、地域の合意形成、交通処理機能の検証、まちづくりへの効果検証を行い、本格運用を目指していくこ

と、本格運用後も PDCA サイクルを実施し改善を行っていくマネジメントの発想が重要である。

　基本方針やビジョン策定においては、地域が抱える問題課題に対し、理論的かつ科学的な手法を援用したアプローチは、利害関係者間の調整において非常に大切である。

　また、現地の情報を十分有していない来訪者に、短時間で安全に的確な情報を伝えることが重要であり、ナビゲーションシステムや携帯端末が普及している状況でこそ、通常期にない交通規制を伴う観光地においては、路側での情報提供の意義は高いといえる。

　加えて、我が国においては観光地の二次交通が課題となっており、バイパスの整備をバイパス整備だけに終わらせず、地域の回遊を促す仕掛けとして、バイパスと一体で、町のフリンジ部に地域の情報を有する駐車スペースを供給していく意義は高い。

　本稿を取りまとめるに当たり、国土交通省岩手河川国道事務所、平泉町をはじめとする多くの皆様の協力を得た。ここに感謝の意を表する次第である。

[出典・参考文献]
[1] 岩手河川国道事務所・平泉町：「『第1回平泉観光期渋滞対策検討会』を開催〜平泉の交通（観光）環境改善に向けた交通誘導方策について検討します」、記者発表資料、2009年1月16日
[2] 平泉町資料
[3] 一般社団法人平泉観光協会：駐車場詳細情報

第IV部
交通まちづくりの未来

交通まちづくりとは何か？

　本書では、都市とモビリティの関係を考えるための基礎理論と、都市におけるモビリティの在り方に着目した交通まちづくりの9つの都市の実践事例を紹介した。本書で示してきた交通まちづくりの理論と実践について、最後に俯瞰的な解説を加えることで、交通まちづくりの未来について論じてみたい。

　モビリティと近代都市をめぐる関係が初めて明確に定義づけられたのは、アテネ憲章（The Athens Charter）であろう。近代建築運動の盛んな1933年、ル・コルビュジエが牽引する近代建築国際会議（CIAM）で採択された都市計画及び建築に関する理念は全95条からなり、都市は、「住居」、「労働」、「余暇」、そしてこれらをむすびつける「交通」で構成されることが宣言されている。近代の新たな都市概念は、地形に沿ってヴァナキュラーに曲がりくねった街路と建築で構成された旧都市から地域を用途別に区画し、歩道と車道を分離することで、自動車や鉄道の利便性を都市に受け入れることに主眼が置かれたものといえる。アテネでの新たな都市像についての議論は、「移動」と「都市」の関係に含みを持たせたものであったこともあり、1937年のリエージュにおいて発展的な都市理念についての議論が予定されていたが、残念ながら戦争で中断されることとなる。都市に速い移動を組み込むための都市像に対して、「太陽・緑・空間」を都市にいかにして組み込み、旧来の善き都市像を活かしながら発展的なものにすべきかが当時に議論されていれば、その後の都市像はどうなっただろうか。

　アテネ憲章から80年以上の時間が経過し、世界の都市を巡る環境は激変した。新たな都市の趨勢は、欧州からアジアや南米へと展開され、移動空間を魅力的な公共空間と見定めた大胆なモビリティデザインの取り組みが進められている。ブラジルのクリチバ（図1）やコロンビアのメデジン

図1　クリチバの交通まちづくり
　BRTと呼ばれるバスシステムで都市全体をネットワーキング化し、街路空間を人間中心の公共空間化することで、有機的な都市デザインを実現している。

をはじめとする様々な都市では、都市ビジョンを明確化した上で、公共交通をまちの移動の中心的なモードに据え、移動空間を人間中心の公共空間として見直すことで、界隈と界隈を有機的に結びつける交通まちづくりが進められつつある。

　都市の公共空間のほとんどが、街路空間をはじめとする移動空間であることを考えれば、移動空間のリデザインによる交通まちづくりが、単に都市の移動の効率性を高めるだけでなく、都市のイメージそのものを変えると同時に、街路と向き合うコミュニティや地域の再生に大きな可能性を持つことに気づくであろう。本書で紹介した日本の様々な都市と地域における交通まちづくりの動きが加速している背景には、このような交通まちづくりの価値が存在しているといえる。一方で、欧米の都市と比したとき、日本の地方都市が持つ大きな特徴は、旧来の城下町や集落が継承してきたヴァナキュラーな都市の陣営にあるといえる。しかし、このような都市の陣営の魅力は、戦後のモータリゼーションを都市と地域が無自覚に受け入れた結果、大きく変容した。舟運や歩きといった「遅い交通」を基本に街道筋に発展した伝統的な都市空間とその暮らし方は、「速い交通」を前提とした大型ショッピングセンターと車中心のまちへと、区画整理事業やバイパスの外挿を経て、その形態を変えた。高齢化社会に向けて、私たちは「遅い交通」と「速い交通」を都市の中で今一度秩序立てて再構成する必要に迫られている。

移動の物語を読む

　都市のモビリティの特性を踏まえて、効果的な空間計画を構築していく上で、本書で述べたような都市ビジョンとその構想を描くことが重要となる。モビリティは、都市のあるまとまりのある界隈のような空間単位を有機的につないでいくものであり、どのような移動手段を用いるかを含めてつながりの具体像をデザインしていくためには、市民全員が共有できる物語が求められる。地域に物語として積層してきた都市の物語を読み込み、これを交通まちづくりに活かすことが重要である。都市と地域の成り立ちの物語とその原型はそれぞれであろうが、移動と都市を切り離して考えることは難しい。移動のための街道が河川を横切れば渡し場となり、Ox-Ford（渡し場）やCam-bridge（ケン川の橋）と同様に大井川の両岸に島田・金谷は発展し、大崎下島は瀬戸内海の海運ネットワークのハブとして情報も人も集まった（図2）。

図2　大崎下島
　瀬戸内海の交通ネットワークの中で潮待ち・風待ちの港として栄えた後、鉄道と車のネットワーキングにより衰退したものの、土地が狭いため数度にわたって埋め立てられた御手洗は、突堤、雁木などの港湾交通施設に加え、江戸後期から昭和初期の大小の商家、茶屋、船宿、住宅、神社、寺院などが混在し、歩きのための集落中心路、集落連絡路や生活路（小路）等が網の目のように巡っており、こうした遅い交通の地域資源をもとにしたまちづくりが進められている。

　舟運や歩きの交通ネットワークの要所に、古来より峠集落や麓集落、裾野集落が網の目のようなつながりの中で発展してきた。
　一方、日本人になじみの深い城下町は、城郭を中心として成立した人工定住型都市の典型である。こうした空間は堀之内などと呼ばれ、城下の大手付近には商家を、外囲には身分の低い士族を、町屋の中には重臣の邸宅を置いた上で、城下の弱い地点に社寺を建設し、城主の廟所を配することで防御を固めたのだ。城下町は江戸時代の300年を経て、地域における軍事、政治、経済、文化の中心となり、中世の給領制度を下敷きにした社会的ネットワークが形成されることとなった。こうした地域の骨格は、明治維新を経て、喪われることなく、その地理的条件を活かした新たな都市へと変貌していく。
　宮本常一の『私の日本地図』を引用してみよう。宮本は、外祖父の言葉として、「兎に角優秀な奴はみんな（萩から）東京に出た。幕末の頃には萩は栄えに栄えていて日本でも指折の大きな町であったが、町中が空き家だらけになった。残っているのはどこにも行きようもない人間で、萩の町は兎に角荒れた。領内の人々の頭から故郷の印象を消してしまうと、つまりいっそ救いのない街にした。したはずだった。しかし萩は死ななかった。さびしくても見えぬ支持があった。ここにしか生きる場所がないのだと、寂れ果てた街でも安心を覚える人がいた。村と村の密接な関係があった」と述べている。数百年に及んで城下町に養われた地域の骨格は、萩城下は、萩につながる様々な地域の物産を交換する場であり、様々な社交のハレの

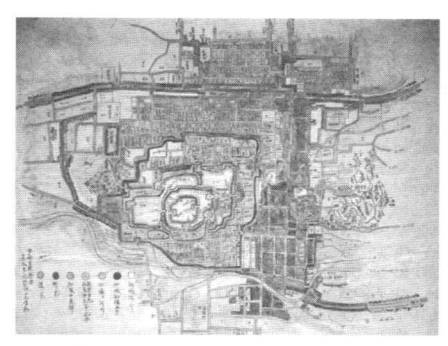

図3 萩のまちづくり
　萩の城下町の交通まちづくりでは、江戸期からの地割や水運ネットワークに直接接続する古民家が江戸期からそのまま継承されており、江戸期の古地図がまち歩きのマップとして、ツーリズムに利用されている。

場として記憶されていた（図3）。こうした都市の文脈と地理的条件を活かしたまちづくりの試みが、人口減少時代の明治期の地方都市においても考えられていた。

　城下町に防御のために張り巡らされた濠と水路は、軍事的な意味は喪ったが、近代工業の必要条件となったし、丘陵地の城と低地の武家屋敷と町屋はそれぞれ、官庁街、公園、市街地に姿を変えていく。「陣営は都市の母」と言ってもよいであろう。長い時間をかけて形成された都市の陣営は、その後に登場する様々な交通ネットワークをさらに取り込み、郊外化と中心化によって都市は成長の一途を遂げた。今、交通まちづくりにおいて、街路空間の改編や、BRTの挿入と都市デザインといったテーマは今日的なモビリティデザインの一つの方法論といっていい。しかし、こうした旧くて新しい「遅い交通」の都市への外挿が、地域の歴史的な文脈と切り離されたものになっては都市デザインとしては不完全なものになってしまうだろう。「遅い交通」が涵養してきた地域の文化的な風景と移動の物語を、こうした移動空間のリデザインといかに結び付けていくかが求められているのではないだろうか。

交通からまちをリデザインする

　都市の陣営の幾何学的形態は、都市の流動に大きな影響を与える。図4に示すように、日本の都市空間では、鉄道が都市を分断しているケース（旧街道と駅が遠隔）が多く、都市のグラフ構造はその形成過程に応じて様々な地理的形態を示しているといえる。それぞれ形態の異なる都市空間に対して、南北自由通路をさらに加えることで都市のパフォーマンスは大きく

変化する。周辺部の街路を整備して、クリーク（閼）を新たに形成させることで界隈の回遊性が向上し、人々の滞在時間を延ばすこともできるかもしれない。都市の陣営の歴史的な発展経緯を踏まえつつ、新たな公共空間としてリンク（＝街路や広場などの都市空間）を街に付与することで、都市の中心性や回遊性がどのように変化するのかを分析することが重要になる。

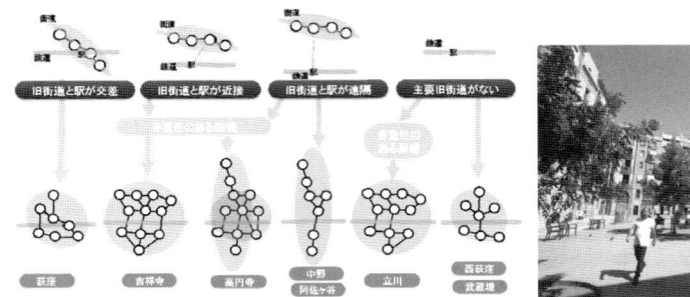

図4　都市空間のネットワーク解析と移動空間のリノベーション
　駅を中心にした交通ネットワークの発展形態は、まちごとに大きく異なり、その基本構成を決定している（図左）。バルセロナの多孔質化戦略では、ネットワークの基本構成を踏まえ、効果的広場を配置することで、界隈同士を有機的に結びつける歩行者回遊空間の再構成を目指したものである。

　一方、バルセロナは、旧市街のネットワークを対象に媒介中心性（最短経路が通過する割合をノードごとに計算した指標）を分析すると、媒介中心性の高い箇所に伝統的な広場が置かれていることがわかる。これに対して、近年の多孔質化戦略と呼ばれる空間計画では、既存の街路形状を、保全建物の一部を撤去し、透過性の高い広場を創出することで、地区内外の人の流動化により停滞した地区の活性化を目指したものである。こうした空間はわざわざ媒介中心性の低い（＝移動が集中しない）箇所に設置されている。都市空間のマネジメント戦略の成功事例として知られるバルセロナ現代美術館前広場や、ラバル遊歩道は、歩行者空間と文化施設をネットワークの重要度の低い箇所に再配置することで、「遅い交通」による回遊性を新たに引き出し、治安改善と魅力向上を実現したものといえる。

　このような「遅い交通」のための都市のリデザインは、都市再生の切り札と言われているが、そのための道筋は容易ではない。先に述べたように特に地方都市では、既に車を前提にした生活が基本となっており、中心市街地であれ、郊外であれ、多くの道路は車のための空間として設計され、沿道では車を前提にした商いが営まれているからである。現状のまちの移動文脈は、車を中心にしたものであり、駐車場のない商業施設に来客は見

込めない。しかしその一方で、個々の商店主が「自らの商い」を、車を前提に設計することで、人間中心の街路空間の実現は困難となり、「まちの魅力」と「まちの賑わい」が喪失している様相は、まさに「囚人のジレンマ」に陥っているといっていい。一方、大型ショッピングセンターは、全体の空間計画の調整が難しくないこともあって、車の利便性を活かしながら、医療やコミュニティ施設といった公共的な空間を内挿するとともに、バスなどの公共交通ネットワークと施設を相互接続することで、郊外の交通まちづくりにおいて中心的な役割を担いつつある。

図5 街路空間の再配分の例（松山市花園町通りの計画案と社会実験）
　中心市街地から様々な施設を郊外に移転して減少した道路交通量にあわせて、街路空間を再配分することで、道路を人間中心の公共空間に転換しようとした計画案。市民参加型WSと社会実験により、街路に面した建築の使われ方に応じた街路設計とプログラムデザインが議論されている。

データを生かす交通まちづくり

　公共交通や自転車、歩きといった「遅い交通」を活かしたまちを実現していく上で、街路空間の再配分や、公共空間化した移動空間を公共交通のネットワークと組み合わせていくことが必要になる。しかし、こうした施策を実現していこうとすれば、車交通に影響が出ることが予想されることから、施策がなかなか進まないのも事実であろう。このようなケースでは、データを活かす交通まちづくりの取り組みが求められる。

　交通まちづくりにおける定量的な計画手法の歴史は長く、1954年の米国シカゴの都市総合交通計画における4段階推定法の採用から、サンフランシスコの鉄道システム・BARTの需要予測では、実際の観測データと「確

率的な」意思決定モデルを用いて大きな成功を収めた（McFaddenはこの業績で、2000年のノーベル経済学賞を受賞している）。計算機の性能は、この50年間で約10億倍の速さに高速化し、交通シミュレーションは、都市圏レベルで一人一人の移動-活動パターンをシミュレーションすることが可能になりつつある。こうした技術は、近年さらに劇的な進化を遂げている。プローブパーソン技術といわれる移動体通信システムを用いた人の移動-活動データを用いて、都市における様々な移動の分析が可能になりつつある（図6）。トラフィックセルやトランジットモール施策は車に支えられている地方都市の生活をどのように変えていくのか、かつて、アンケートの調査結果、直感や歴史的事実に頼って行われきた交通まちづくりの方法論に大きな転機が訪れたといってもいいだろう。プローブパーソン調査を行えば、車でまちを訪れた人と公共交通で訪れた人では、後者のほうがまちで過ごす時間が2倍以上長いことが明らかになっている。個人の恣意的な交通まちづくりは無意味だが、人間の意思や希望と無縁な計画では動かない主観的な価値体系に支えられた客観的・科学的な計画が求められている。こうした問題に対して、データとモデルに基づいた様々な交通シナリオ評価の有効性は高いといえよう。

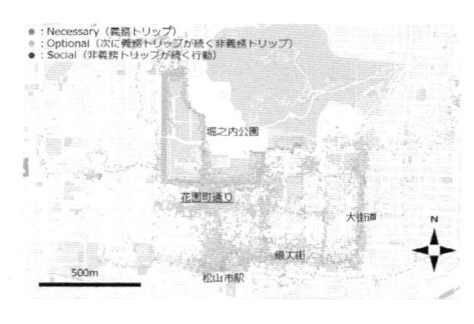

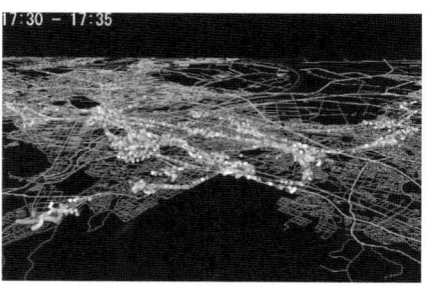

図6　移動体通信システムによる移動動態把握
　都市における人の移動-活動パターンの把握に、移動体通信システムを援用したプローブパーソン調査データが用いられつつある。道路空間の再配分において当該敷地を訪れる人々の様々な移動文脈と移動動線の広がりを把握した、道路空間再配分時の影響評価にマイクロシミュレーションが用いられたり（図左）、イベント時の動線管理などに用いた例がみられつつある（図右）。

アーバンデザインセンターで交通まちづくりを

　このように、ただの移動空間が、公共空間として新たなアクセシビリティを得ることで有機的に連鎖し、新しいまちのイメージを生成していくために、どのような活動が必要になるだろうか？
　交通まちづくりの実現には、様々なプレイヤーの関わりが求められる。

交通まちづくりとは、行政が行う標準的な交通施策や、個々の市民が個人として行うまちづくり活動を越えて、新たな交通とまちづくりのビジョンを市民が共有し、専門的な知見から技術的な検討を加え、社会実験を繰り返しながら、まち全体の公共空間とそれらを結びつける移動を実現していくプロセスである。こうしたプロセスに対して「アーバンデザインセンター」が有効であろう。アーバンデザインセンターは、北沢猛らによって提唱されたまちづくりのための公民学協働の新しい手法である。

　松山市の事例（図7）について説明する。アーバンデザインセンター松山は公民学が連携して設置された機関であり、多様な市民がまちなかの公共空間の使い方やデザインについて専門家や行政担当者も交えて一緒に議論を重ね、まちなかにあふれる駐車場を公共空間化するプロジェクトを実現している。駐車場の広場化といった一見突拍子もない計画が、行政担当者や専門家によって技術的な視点からその整備効果やデザインの検討が丁寧になされるとともに、市民から「フラットなものよりも山があるといい」、「土管や水場が欲しい」といった案を採り入れながら、駐輪などの広場の使い方のルールづくりの議論が行われた結果、みんなの広場がオープンするに至っている。さらにこのプロジェクトでは、広場向かいにあるビルを

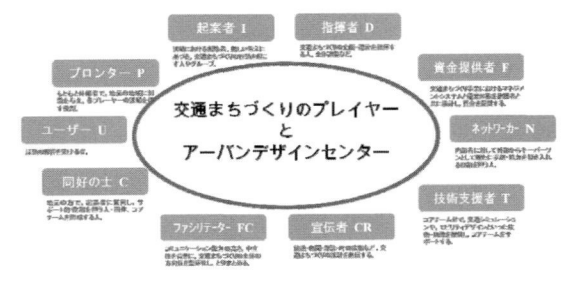

図7　駐車場を公共空間へ
　様々なプレイヤーの参加が必要不可欠な交通まちづくりでは、市民を中心にした同好の志と専門家やネットワーカーが情報を交換し、協働でプロジェクトを議論するためのアーバンデザインセンターが重要となる。写真は、中心市街地にあふれている駐車場空間をみんなの広場としてコモンスペースにリデザインした例。

リノベーションし、大学に事務所を構えていたアーバンデザインセンターそのものを移設し、まちづくりの中心的な役割を持続的に担うことが期待されている。

　まちづくりの連帯は尊い。しかし小さなまちづくりにのみ地域が拘泥するとき、町が存続することは難しい。一方で強い交通計画が硬直的なまま進むとき、市民は創意工夫の発揮のしようがなく、都市の有機的な関係性は霧散してしまうだろう。計画に様々なスケールを設定し、人々の多様な試みが介在する自由を設けた交通まちづくりとして再編集することが今求められている。徒歩のような「遅い交通」が支配的であった時代のまちの骨格を正しく理解し、今日の流動パターンに対する理論と観測に接続させた上で、その可能性を発展的に描き、連帯の中で実現していくことが求められている。

Column-8　過去から学ぶ都市計画の「手順・総合・協調」の重要性

　温故知新というように、歴史からヒントを得ることは多い。そこで都市計画の過去を振り返りつつ、「交通まちづくり」の将来を考えてみたい。

　戦国時代の武将は、①地取り（立地）、②縄張り（都市計画）、③普請（土木）、④作事（建築）の順序で城下町を建設した。防衛に有利で交通至便の地を選び、街割りによって区画を整理し、街路や水路を工事し、城や町家の建築へと進む。そこには、城下町をつくる「手順」があった。

　後藤新平は、関東大震災直後に、①公園、②学校、③街路、④河川、⑤市場を主とする震災復興計画を立てる。このうち街路が人の交通、河川と市場が物流である。この震災復興計画は環境、防災、教育、交通、物流など、様々な計画対象を含みながら「総合化」されていた。

　石川栄耀は、都市計画を、①民間協力の計画（市民、商店街等）、②民間企業の計画（盛り場、住宅団地等）、③公共の計画（駅前、都心等）、④国家保障の計画（街路、橋梁等）に分けている。それぞれ立場や視点が異なるからこそ、バランスを取るために「役割分担と協調」を謳っていた。

　では、先達たちの知恵を、どのように受け止め、活かすべきだろうか。

　第1の「手順論」は、土木計画や建築計画に先立つ都市計画の必要性を示唆している。仮に、土木計画で道路構造や交通規制を考え、建築計画で区画に合わせた建物や空間を考えるとしてみよう。このとき土木計画と建築計画に先立って、コミュニティ形成や産業振興を含め、人々と都市の将来像を描く「都市計画」がある。つまり「交通まちづくり」は、都市の将来像の実現のために、「都市計画」の一翼を担っているに違いない。

　第2の「総合化」は、計画論の確立とあいまって、計画要素間のトレードオフを示唆している。例えば道路には、通行・乗り降り・積みおろし・日照・通風・防災などの機能がある。ならば、楽しく歩ける通行機能に加えて、環境、福祉、生活、産業振興にも役立てたい。このとき、「コンビニに行くとき目障りな貨物車だが、商品の配送には不可欠」などのトレードオフが数多く生まれる。よって「歩行者の安全と、商品搬入車両の通行」を共存させる「総合化」こそが、高い実現性と豊かな説得力を持つ。

　第3の「役割分担と協調」では、幅広い視点の重要性を示唆している。「交通まちづくり」では市民の視点が極めて重要であるが、1つの視点に偏りすぎてしまうと俯瞰できず、計画の不備や欠陥を見落とす恐れもある。それゆえ、4者間での「役割分担と協調」が不可欠と考えている。

［執筆：苦瀬博仁］

あとがき

おわりに

　1990年代の『渋滞緩和の知恵袋 − TDMモデル都市・ベストプラクティス集』（交通工学研究会・丸善）、2000年代の『成功するパークアンドライド 失敗するパークアンドライド』（同）、2010年代の『交通まちづくり』と、原田昇先生たちとの共同編集作業は3冊目となる。10年に1冊というペースになる。

　90年代に「TDMベストプラクティス集」を編集していた頃は、交通事業者や政府による供給側の交通政策から大きな転換が叫ばれる中、原田先生に紹介されて現地調査に訪れ、目の当たりにした札幌1000人ワークショップの熱はすごいものであったことが今でも思い出せる。

　00年代の「パークアンドライド」では、私自身米国にいた頃に十分な手伝いも出来なかったが、車から公共交通に転換するための施策としてパークアンドライドに焦点を絞り、難渋したもののなんとかまとめあげた。パークアンドライド成功のための都市の類型整理を行ったことが、今回の交通まちづくりの本につながったように感じている。

　今回の「交通まちづくり」は、多くの著者のみなさんと協働で書き上げたものだ。何度となく各地の現場で研究会を開催し、現場で議論を重ねたことが思い出深い。また集約型都市構造にむけた都市交通計画と調査のあり方については、国土交通省の望月明彦技術審議官（当時）、同菊池雅彦調整官、そして故阪井清志都市計画調査室長と深掘りした議論を頂けたことが今回の成果につながったと感じている。ここに感謝の意を表したい。

＊

　私自身は数理的なモデリングや定量的なデータに基づいた都市計画と交通計画の研究が好きで、こうした問題にずっと取り組んでいるが、一方で交通はその土地に固有のものであり、その固有性を生かしたデザインが大切だと感じている。駅の設計などはその好例であり、市民の皆さんとの協働作業によって土地性を読み込んだ交通計画や移動空間の設計が求められていると感じることは多い。

「良い酒は旅をしない」という言葉がある。交通まちづくりは、その土地のものだ。その土地で暮らす人が、普段の生活の中で日々繰り返し移動し、交流を積み重ねていくなかでその土地の移動の在り方は育まれる。現場を離れた議論が時には有効な時もあるだろうが、その土地で生きる人々の立場にたって、ひたむきにその土地の移動の未来を考え議論することが交通まちづくりの出発点になるだろう。

＊

本書では各地の具体的な交通まちづくりを、実際に取り組んでいる人自身が取り上げることを心がけた。今日も現場で、交通まちづくりの議論を重ねている人たちがいる。本書と共に彼らにエールを送りたい。

2015 年 5 月

著者の一人／編集担当
羽藤 英二

より広い知の結集を願って

　三省堂『スーパー大辞林』によれば、学会とは「同じ学問を専攻する学者が、研究上の協力連絡意見交換などのために組織する団体。また、その会合」だそうである。

　まえがきにあるとおり、私たちは公益社団法人土木学会土木計画学研究委員会に設置された研究小委員会のもと、7 年間あまりにわたって活動を続けてきた。土木計画学という学問の枠組みについてご存知でない方も多いと思うが、毎年発表される論文のうち低からぬ割合が、交通に関連したものである。分野を分けてみるならば、本書著者陣の多数派が「交通寄り」であることは間違いない。

　土木計画学研究委員会に場を移す以前は、社団法人交通工学研究会（当時）の自主研究としての活動であった。その成果をまとめた書籍『交通まちづくり ―世界の都市と日本の都市に学ぶ』（交通工学研究会・丸善、2006 年）に、交通まちづくりには地域知、実務知、専門知の情報ギャップを埋める努力と工夫が大事とある。

　専門知とは何も交通計画や交通工学に関する「知」ばかりではない。そ

もそも交通の力だけで「暮らしやすいまち」、「自慢できるまち」、「住み続けたいまち」を実現できるはずがないのは当然である。昨今の時代背景が要請する「コンパクトシティ・プラス・ネットワーク」の一翼を交通が担うべきなのは論を俟たないが、土地利用や都市デザイン、コミュニティデザインなど近接する広義の都市計画分野はもとより、医療、福祉をはじめ従来他の分野とされてきた「知」が協働して事に当たる重要性は、これまでになく高まっていよう。

＊

交通の専門家がまちづくりを解るのと、まちづくりの専門家が交通を解るのとでは、どちらが早いのだろうか、あるいはどちらが良いのだろうかと、たまに考えることがある。考えても結論は出ないので置いておくが、今回縁あって本書の出版を鹿島出版会に引き受けていただくことが決まったとき、交通を専門としない読者の方に手にとっていただける機会は確実に増えるのではないか、そんな期待を持った。

とはいえ、繰り返しとなるが、著者陣の多数派は「交通寄り」である。「暮らしやすいまち」、「自慢できるまち」、「住み続けたいまち」といったビジョンは、広く共有いただけるものと思う。こうしたビジョンに向けて、交通の専門家が交通計画の側からどうアプローチできるかを論じ、景観や観光まちづくりの専門家が交通計画と協働する道筋をどう描き実践できるかを論じたのが本書である。是非、より幅広い「知」─それは専門知に限らず、地域知、実務知もある─をお持ちの方々、さらには若い研究者、実務者、学生の方々に、現時点での私たちの1つの到達点を知っていただき、今後有益な協働を進めるきっかけになること、ひいては上述したビジョンの実現に少しでも寄与できることを、心から願っている。

＊

本書は、事例として取り上げているところ、取り上げていないところを含め、多くの都市や地域における交通まちづくりの価値ある実践の上に成り立っている。そしてその背後に、極めて多数の方々の努力や苦心の積み重ねがあることは言うまでもない。ここでお名前を挙げられないことが大変に残念であるが、著者の一人として改めて敬意を表したい。

2015年5月

著者の一人／編集担当
髙見 淳史

索　引

あ行

アクセシビリティ ……………………………………… 4, 7, 42, 110, 174
明知鉄道 …………………………………………………………… 126
アーバンデザインセンター ……………………………………… 174
アベイラビリティ ………………………………………………… 11
歩いて暮らせるまちづくり ……………………………………… 39
歩くまち・京都 ………………………………………… 112, 122, 124
「歩くまち・京都」憲章 ………………………………………… 113, 114
「歩くまち・京都」交通まちづくりプラン ………………………… 114
「歩くまち・京都」総合交通戦略 ………………………………… 117
歩けるまちづくり協定（金沢市） ………………………………… 66
歩けるまちづくり条例（金沢市） ………………………………… 65
アンケート ……………… 14, 15, 18, 22, 23, 24, 26, 27, 75, 106, 108, 148, 158
医・食／職・住（い・しょく・じゅう） ……………………………… 6
移動権 ……………………………………………………………… 81
居場所 …………………………………………………………… 130, 133
インセンティブ ………………………………………………… 80, 83
宇都宮 …………………………………………………………… 20, 71
宇都宮都市交通戦略 …………………………………………… 21, 72, 74
駅 ………………………………………………………………… 130, 134
駅前広場 ………………………………………………… 131, 134, 142
恵那 ……………………………………………………………… 126
大崎下島 ………………………………………………………… 169, 170
「遅い交通」 ………………………………………… 169, 171, 172, 173
「お団子と串」の都市構造（富山市） ……………………………… 5, 22
おもてなし ……………………………………………………… 133

か行

快速バスシステム［BRT］ …………………………… 10, 118, 171
回遊行動調査 …………………………………………………… 32
回遊性 …………………………………………………………… 65, 172

索　引

カーシェアリング …………………………………………………………… 118
家庭訪問調査 ………………………………………………………… 27, 36, 102
金沢 ……………………………………………………………… 18, 36, 58, 70
観光交通まちづくりビジョン（平泉町）……………………………………… 155
観光まちづくり ……………………………………………………………… 141, 143
協定方式 ……………………………………………………………………… 61
京都 ……………………………………………………………………… 70, 112
居住誘導区域 ………………………………………………………………… 41, 77
熊本 …………………………………………………………………… 21, 27, 79
熊本市公共交通協議会 ……………………………………………………… 81
熊本都市バス株式会社 ………………………………………………… 79, 80, 85
クリチバ ……………………………………………………………………… 10, 168
欠損補助 ……………………………………………………………………… 83
健康医療福祉都市構想 ……………………………………………………… 26
公共交通基本条例（熊本市）………………………………………………… 81
公共交通指向型開発 ………………………………………………………… 9
公共交通のグランドデザイン（熊本市）…………………………………… 80
公共交通利用促進条例（金沢市）…………………………………………… 64
公共交流機関 ………………………………………………………………… 126, 132
交通アセスメント …………………………………………………………… 47
交通基本法 …………………………………………………………………… 81
交通空白地域　：公共交通空白地域 …………………………………… 21, 72, 81, 82
交通実験 …………………………………………………………………… 145, 148, 152
交通シミュレーション ……………………………………………………… 26, 47, 174
交通需要マネジメント ……………………………………………………… 2, 109, 114
交通政策基本法 ……………………………………………………………… 39, 49, 65
交通不便地域　：公共交通不便地域 …………………………………… 64, 69, 81, 82
コミュニケーション ………………………………………………………… 50, 51
コミュニティバス …………………………………………………………… 62, 72, 82
コンパクトシティ …………………………………………………………… 5, 9, 14, 40

さ行

財源 …………………………………………………………………… 8, 36, 43, 45
再生塾 ………………………………………………………………………… 51
札幌 ……………………………………………………………… 4, 19, 34, 88, 99, 100
札幌市都心交通対策実行委員会 …………………………………………… 99

索　引

さっぽろ都心交通計画 …………………………………………… 88, 91, 94, 97, 99
さっぽろ都心まちづくり戦略 ……………………………………………… 20
シェア・サイクル　：サイクルシェアシステム ………………………… 69, 100
事業所協力型（調査） ……………………………………………………… 36
四条通（京都市） ………………………………………………… 115, 119, 124
次世代型路面電車システム［LRT］ ……………………… 5, 10, 21, 71, 72, 114, 118
自転車 …………………………………………………… 34, 37, 69, 74, 100, 123
自転車走行空間 …………………………………………………………… 70, 74
自転車通行環境創出ガイドライン ………………………………………… 70
渋谷 ………………………………………………………………………… 34
社会実験 ………………………………………… 19, 90, 95, 96, 115, 119, 130, 160, 164
社会資本整備審議会 ………………………………………………………… 39
社会資本整備総合交付金 …………………………………………………… 43
社会的排除 ………………………………………………………………… 5, 42
シャトルバス ……………………………………………………………… 157
周南 ………………………………………………………………………… 32
集約型都市構造 ………………………………………………… 14, 26, 34, 39, 109
上下分離 …………………………………………………………………… 5
条例 ……………………………………………………………………… 44, 60
新金沢交通戦略 …………………………………………………………… 19, 62
人口減少 ………………………………………………… 9, 14, 24, 38, 40, 49
新交通システム ……………………………………………………… 105, 106, 108
人材育成 ………………………………………………………………… 49, 51, 54
ストラスブール …………………………………………………………… 3
成長管理 ………………………………………………………………… 2, 143
全国都市交通特性調査 ……………………………………………………… 40
戦略的アプローチ ………………………………………………………… 3
ゾーンバスシステム ……………………………………………………… 80, 82

た行

大規模小売店舗立地法（大店立地法） …………………………………… 47
第 5 次宇都宮市総合計画 ………………………………………………… 20, 71
高松 ………………………………………………………………………… 70
地域公共交通総合連携計画 ………………………………………………… 39
地域公共交通の活性化及び再生に関する法律
　　（地域公共交通活性化・再生法） ……………………………… 39, 41, 49

地域公共交通網形成計画	41
地域ルール	44
駐車場	7, 44, 67, 118, 145, 155, 161, 162, 175
駐車場適正配置条例（金沢市）	67
駐車場配置適正化区域	44
超高齢社会	2, 6, 10
通過交通	66, 94, 119, 155
デマンド交通　：デマンドバス	5, 21, 72
道路空間再配分　：街路空間再配分、空間再配分	7, 34, 93, 121, 173
道路交通センサス	32
都市機能誘導区域	41, 42, 77
都市計画マスタープラン	
：都市マスタープラン	8, 18, 19, 20, 21, 22, 23, 24, 40, 71, 109
都市再生特別措置法	39, 41, 43, 77
都市・地域総合交通戦略	39
都市の低炭素化の促進に関する法律（エコまち法）	39
都心活性化　：中心市街地活性化、まちなかの活性化	4, 7, 14, 15, 72, 75, 94
都心交通ビジョン（札幌市）	88, 91, 94, 97, 99
都心交通ビジョン懇談会（札幌市）	88, 89, 91, 94, 97
都心のまちづくりビジョン（札幌市）	89
都心まちづくり計画（札幌市）	90
栃木県	47
富山	5, 22
トラフィックセル	88, 93, 95, 96, 97, 174
トランジットモール	114, 118, 119, 174

な行

二次交通	155, 165
ネットワーク型コンパクトシティ	9, 20, 71
ネットワーク型コンパクトシティ形成ビジョン（宇都宮市）	77
乗合タクシー	82

は行

萩	170, 171
パークアンドライド	
：パーク＆バスライド、パーク＆レールライド	2, 4, 7, 37, 63, 64, 114, 145

バス	5, 22, 66, 79, 121, 123
バストリガー方式	66
パーソントリップ調査［PT 調査］	26, 27, 32, 34, 36, 65, 102, 105, 106, 108, 117
パブリックコメント	18, 23
バルセロナ	172
平泉	154
広島	26, 102
広島市総合交通戦略	108
広島都市圏交通計画［HATS］	102, 103, 104, 105
風景	129, 137
附置義務	11, 44, 115
プローブパーソン調査［PP 調査］	26, 31, 34, 174
ベルリン・ブランデンブルク都市圏	45
ポロクル	100

ま行

まちづくり交付金	43, 134
まちのり	70
目標設定型アプローチ	14, 20
モータリゼーション	38, 58, 169
モビリティ	11, 79, 168, 169
モビリティデザイン	168, 171
モビリティ・マネジメント	50, 62, 118, 119, 123

や行

郵送方式（調査）	28
由布院	140
4 段階推定法	102, 173

ら行

立地適正化計画	41, 43, 44, 68, 77
レンタサイクル	70, 145, 155, 157, 160
ロードプライシング	118

わ行

ワークショップ	4, 14, 15, 19, 24, 50, 88, 91, 97, 128, 129, 130

索　引

A～Z

BRT ……………………………………………………………… *10, 118, 171*
GPS ……………………………………………………………… *31*
ICカード ………………………………………………………… *85*
KJ法 ……………………………………………………………… *16*
LRT ……………………………………………… *5, 10, 21, 71, 72, 114, 118*
PDCA［Plan-Do-Check-Act］ ……………………………………… *4, 97, 165*
PP調査 …………………………………………………………… *26, 31, 34, 174*
PT調査 …………………………… *26, 27, 32, 34, 36, 65, 102, 105, 106, 108, 117*
PTAL［Public Transport Accessibility Level］ ……………………… *42*
SWOT分析 ……………………………………………………… *16*
Web方式（調査） ………………………………………………… *31*
Webダイアリー調査 ……………………………………………… *32*

執筆者一覧 (50音順、*：編集委員長、**：編集幹事) 所属は 2015 年 5 月現在

栄徳 洋平	株式会社福山コンサルタント 本社事業部 南九州支店長　（第Ⅱ部 2）	
木谷 弘司	金沢市 都市整備局 担当部長 兼 都市計画課長　（第Ⅲ部 1）	
苦瀬 博仁	流通経済大学 流通情報学部 教授　（Column-2, 8）	
熊谷 美香子	特定非営利活動法人ポロクル 理事・事務局長　（Column-7）	
児玉 健	株式会社日建設計総合研究所 上席研究員　（Column-3）	
佐々木 葉	早稲田大学 創造理工学部 社会環境工学科 教授　（第Ⅲ部 7）	
塩士 圭介	株式会社日本海コンサルタント 社会事業本部 計画研究室 担当グループ長（Column-3）	
髙見 淳史 **	東京大学大学院 工学系研究科 都市工学専攻 准教授　（第Ⅱ部 3）	
髙山 純一	金沢大学 理工研究域 環境デザイン学系 教授　（第Ⅱ部 1、第Ⅲ部 1）	
谷口 守	筑波大学 システム情報系 社会工学域 教授　（第Ⅱ部 3）	
土井 勉	大阪大学 コミュニケーションデザイン・センター 特任教授／一般社団法人システム科学研究所 上級研究員　（第Ⅱ部 4、第Ⅲ部 6）	
西山 良孝	一般財団法人計量計画研究所 東北研究室 主任研究員　（第Ⅲ部 9）	
羽藤 英二 **	東京大学大学院 工学系研究科 社会基盤学専攻 教授　（第Ⅱ部 2、第Ⅳ部）	
原田 昇 *	東京大学大学院 工学系研究科 都市工学専攻 教授　（第Ⅰ部、第Ⅲ部 4、Column-6）	
藤原 章正	広島大学大学院 国際協力研究科 開発科学専攻 教授　（第Ⅲ部 5）	
牧村 和彦	一般財団法人計量計画研究所 次長 主幹研究員　（第Ⅲ部 9）	
溝上 章志	熊本大学大学院 自然科学研究科 環境共生工学専攻 教授　（第Ⅱ部 2、第Ⅲ部 3）	
森本 章倫	早稲田大学 創造理工学部 社会環境工学科 教授　（第Ⅱ部 1、第Ⅲ部 2、Column-1, 4）	
山中 英生	徳島大学大学院 ソシオテクノサイエンス研究部 教授　（Column-5）	
米田 誠司	愛媛大学 法文学部 総合政策学科 准教授　（第Ⅲ部 8）	

編著者略歴

原田 昇

1977 年	名古屋大学 工学部 建築学科卒
1979 年	東京大学大学院 修士課程修了
1983 年	東京大学大学院 博士課程修了（工学博士取得）
1983 年	日本学術振興会 奨励研究員
1984 年	財団法人計量計画研究所 都市計画研究室 研究員
1985 年	東京大学 工学部 助手
1992 年	東京大学 工学部 助教授
1994 年	オックスフォード大学 セントアントニーズカレッジ（連合王国）客員研究員（1 年間）
1999 年	東京大学大学院 新領域創成科学研究科 教授
2005 年	東京大学大学院 工学系研究科 教授

現在に至る

交通まちづくり 地方都市からの挑戦

2015 年 7 月 10 日　第 1 刷発行

編著者　原田　昇

発行者　坪内　文生

発行所　鹿島出版会

104-0028　東京都中央区八重洲 2 丁目 5 番 14 号
Tel. 03 （6202）5200　振替 00160-2-180883

落丁・乱丁本はお取替えいたします。
本書の無断複製（コピー）は著作権法上での例外を除き禁じられています。また、代行業者等に依頼してスキャンやデジタル化することは、たとえ個人や家庭内の利用を目的とする場合でも著作権法違反です。

装幀：伊藤滋章　　DTP：エムツークリエイト
印刷・製本：三美印刷
Ⓒ noboru Harata, et al. 2015
ISBN 978-4-306-07315-9　C3052　　Printed in Japan

本書の内容に関するご意見・ご感想は下記までお寄せください。
URL : http://www.kajima-publishing.co.jp
E-mail : info@kajima-publishing.co.jp